도량을 울리는 맑은 소리, 불전사물

불교문화총서 ⑦

도량을 울리는 맑은 소리

불전사물

佛 殿 四 物

재단
법인 대한불교진흥원

발간사

도량을 울리는 맑은 소리, 불전사물

산사의 하루는 범종의 그윽한 울림과 함께 시작합니다. 법고와 목어 그리고 운판으로 이어지는 소리들이 새벽 공기 속으로 퍼져 나가 사찰 구석구석 긴 여운을 남기며 세상의 새벽을 열고, 그 소리를 듣는 사람들을 일깨워주는 것 같습니다.

사찰 마당 한쪽에 자리하는 범종각에 모아진 범종·법고·목어·운판 등 불전사물佛殿四物은 이처럼 하루를 깨우고 새벽이나 저녁 예불이 시작됨을 알리는 의식구이기도 하지만, 한편으론 이들 사물들에는 저마다 불교의 아주 깊은 뜻이 담겨 있기도 합니다.

범종은 천상과 지옥에 있는 중생을, 법고는 땅 위에 사는 중생을, 목어는 물속에 사는 중생을, 운판은 공중을 날아다니는 중생을 일깨우기 위해 울린다고 합니다. 이렇듯 사물은 제각각의 모습으로 서로 다른 소리를 내지만 사실은 하나의 의미를 담고 있습니다. 바로 불법의 진리가 중생의 마음을 울려 깨우친다는 것입니다.

이 책『도량을 울리는 맑은 소리, 불전사물』에서는 사물을 의식에 사용하는 도구로만 보는데 그치지 않고, 이들이 내는 소리 하나하나가 왜 불교의 그윽한 법에 합치되는지 그 까닭과, 나아가 사물에 담긴 진정한 의미가 무엇인지를 알리고자 하였습니다. 그래서 사물 각각의 유래와 그것을 두드리는 타법에 담긴 의미, 그리고 사물을 더욱 아름답게 하는 장식들이 가지고 있는 이야기들을 심층적으로 다루었습니다.

또한 불전사물이 역사적으로 어떠한 모습으로 변화, 발전되어왔는지 풍부하게 실린 사진들을 통해 미술적으로도 짚어보고자 합니다. 예를 들어 우리나라 범종은 'Korean Bell'이라는 학명이 있을 정도로 그 구조와 의장이 아름답고 독특한데, 이렇듯 우리만의 고유한 양식을 띠고 발전할 수 있었던 이유가 무엇인지를 문화사적 관점에서 다루었습니다. 더불어 사물의 장식들이 본래 가지고 있는 의미가 우리나라 고유의 문화와 어우러져 어떻게 한국화되었는지도 살펴보려 합니다.

『도량을 울리는 맑은 소리, 불전사물』의 출간이 사물의 진정한 의미와 그 문화적 가치를 여러분에게 생생히 전달하는 계기가 되었으면 합니다. 그래서 앞으로 사찰을 찾는 많은 분들이 전통 사찰에 녹아 있는 우리 문화의 또 다른 즐거움을 느낄 수 있기를 바랍니다.

대한불교진흥원 이사장 김규칠

| 차 례 |

10　사물, 그 묘한 울림

1장 | 묘리妙理의 울림, 범종

20　종의 기원
　　석가모니 시대의 종 건추 | 중국에서부터 전해온 범종
25　종과 관계된 이름들
28　만물이 진동하다
　　효종과 혼종 | 진여의 종소리 | 침묵의 소리 | 인연이 담긴 소리
38　큰 울림, 타종 법식
　　도량석 | 타종
48　범종의 세부 명칭
50　정성과 염원의 표현, 범종의 장식
　　종뉴 | 비천상 | 불·보살상 | 범자 장식과 진언 | 길상문과 기타 장식 | 연뢰와 연곽
75　우리의 오래된 범종
　　상원사 범종 | 성덕대왕 신종

도량을 울리는 맑은 소리, *불전사물*

2장 | 천의天意의 울림, 법고

- 92 예기, 신기로서의 북
- 95 묘한 이치가 담긴 소리
- 102 법의 울림, 타고 법식
- 106 법고의 세부 명칭
- 108 긴 공정이 필요한 법고 제작
- 110 상징적 의미가 담긴, 법고의 장식
  심오한 뜻을 간직한 태극도형 | 신령함이 깃든 용의 문양
  길상의 상징, 卍문양 | 북을 올려놓은, 법고대

3장 | 경계警戒의 울림, 목어·운판

- 126 다양한 유래담을 가진 목어
- 134 목탁 소리의 인연
- 138 절도 있는 울림, 목어 타법
- 140 목어의 세부 명칭 및 특색
- 142 물고기가 변하여 용이 되다
- 150 때를 알리기 위해 치던 운판
- 152 운판의 세부 명칭 및 형태
- 155 여백 있는 울림, 운판 타법
- 155 운판의 모양과 장식

사물은 소리로써 부처님 앞에 공양하는 장엄구이다. 경에서 말했듯이 사물 소리에는 인과의 시종始終과 체용體用이 서로 사무쳐 있다. 당목撞木이나 막대로 치는 것은 인因이요, 그렇게 해서 나는 소리는 과果이다. 사물이 내는 소리는 음音이 아니라 성聲이다. 성은 사람 목소리처럼 조작해서 내는 것이 아니라 물체가 진동할 때 나는 자연적인 소리이다.

사물, 그 묘한 울림

듣는이의 가슴을 파고드는 장엄한 소리

범종 소리는 천지 만물을 깨우고 일체 중생들이 미혹에서 깨어나도록 한다.

사찰의 하루는 도량석道場釋으로부터 시작된다. 새벽 3시에 일어난 스님은 목탁을 두드리며 도량을 깨끗이 하고, 천지 만물을 일깨워 깨달음의 세계로 향한다. 이어서 범종각에서는 법고法鼓, 목어木魚, 운판雲板, 범종梵鐘 소리가 차례로 새벽 공기 속으로 퍼져 나간다. 이른바 명고타종鳴鼓打鐘이요, 당종격고撞鐘擊鼓이다.

번뇌에 잠긴 중생을 부처님의 품 안으로 인도하는 사물 소리는 긴 여운으로 삼라만상을 일깨우며 퍼져 나간다. '종성리천득鐘聲裏薦得'이라는 말이 있다. 종소리를 듣고 단번에 깨친다는 뜻이다. 이러한 까닭에 사물四物 소리를 '무정설법無情說法'이라고도 한다. 부처님의 말씀은 불경에만 있는 것이 아니라 이런 일체의 모든 소리를 통해서도 들을 수 있다는 의미에서다.

"나고 죽음의 바다 건너는 법을 듣고자 하는 모든 사람들이 묘妙한 울림의 소리 듣고 구름처럼 모인다."

－『증일아함경增一阿含經』제24권 〈선취품善聚品〉

'묘하다'는 것은 개념을 확실히 규정하여 이름 붙일 수 없음을 말하는데, 사물 두드리기를 끝낸 후의 침묵은 실로 오묘한 소리이다. 소리이면서 소리가 아닌 소리, 침묵이면서 침묵이 아닌 소리, 이것이 불전사물佛殿四物의 진면목이다.

소리 없는 소리

사물은 소리로써 부처님 앞에 공양하는 장엄구이다. 경에서 말했듯이 사물 소리에는 인과의 시종始終과 체용體用이 서로 사무쳐 있다. 당목撞木(종을 치는 나무)이나 막대로 치는 것은 인因이요, 그렇게 해서 나는 소리는 과果이다. 또한 사물이 내는 소리는 음音이 아니라 성聲이다. '성'은 사람 목소리처럼 조작해서 내는 것이 아니라 물체가 진동할 때 나는 자연적인 소리이다. 이러한 사물의 소리는 저마다 다르다. 종소리는 장엄하고, 북소리는 웅장하고, 목어 소리는 둔중하고, 운판 소리는 청아하다.

『삼국사기』로 유명한 고려의 김부식金富軾(1075~1151)은 종소리에 대해 이렇게 말했다.

> "가만두면 고요하고 침묵하며 두드리면 맑은 소리가 난다. 소리 없는 소리가 허공에 두루 가득하다.置之寂默 叩則雍容 無聲之聲 遍滿虛空"
> – 〈흥천사종명병서興天寺鐘銘幷序〉

소리의 근원은 침묵이다. 치기 전까지 사물은 충막무짐沖漠無朕(아무런 조짐도 없는 아득한 상태)이다. 치게 되면 사물은 각기 다른 진동을 일으켜 소리로써 천지 사방을 덮는다. 침묵이 소리의 근원이라고 한다면 '침묵'은 곧 '소리'의 체體라고 말할 수 있고, '소리'는 용用이라 할 수 있다. 체와 용은 서로 대대待對 관계에 있지만 둘이 서로 감응하는 빠르기는 사물이 당목이나 채에 바로 응해 소리 내는 것과 같고, 뒤따르는 그림자처럼 찰나의 틈도 없다.

그래서 사물의 소리와 침묵은 결국 하나인 것이다. 종, 북, 목어와 운판은 인연에 따라 각기 다른 소리가 나지만 이 모든 것들의 소리는 또한 분별이 없는 하나의 소리와 같은 것이다.

사물은 불법을 드러내는 방편으로서의 의미도 갖고 있다. 『신화엄경론新華嚴經論』에 "일체의 장엄구와 윤대호패輪臺戶牌의 모든 장엄구 속에서 온갖 보살이 십불세계미진수十佛世界微塵數만큼 출현해 보배를 비 내리듯 부처님께 공양한다"라는 말이 있다. 중요한 불전 장엄구인 사물 속에도 온갖 무한대의 보살이 보배의 비를 내리듯 부처님께 공양하는 의미가 숨어 있다. 그런즉 사물 소리는 곧 부처님의 음성[梵音]이기도 한 것이다.

조선의 유학자 추사 김정희金正喜(1786~1856)도 산사의 사물 소리를 이렇게 들었다.

"산중 밤에 들리는 것이 많아 천뢰天籟, 지뢰地籟, 인뢰人籟가 구비하지 않은 것이 없다. ……빗소리, 솔 소리, 스님의 범패 소리, 종판鐘板 · 경괴磬筐 · 목어木魚 소리가 어울려 일어나 일제히 주악하니 서천축西天竺의 성교聲敎의 한 문門이 이로부터 화현하여 일어난다."

– 『완당집阮堂集』〈김석준에게 써서 보이다書示金君奭準〉

'천뢰'는 모든 소리를 각각 나도록 만드는 자연을 말한다. '지뢰'는 바람이 나오는 땅의 모든 구멍을 의미하며, '인뢰'는 통소 같은 것을 뜻한다. 그런데 이것은 모두 자기가 스스로 원인이 되어 자초하는 것들이다. 추사는 불교의 지혜를 범음梵音으로써 가르치는 법문에 사물 소리를 비유한 것이다.

모든 소리가 나오게 하는 자연은 처음부터 소리를 가진 것이 아니다. 그러나 한번 일고 흩어지면 만 가지 소리를 낸다. 사물은 지혜로운 자만 소리 듣기를 원하지도 않고, 중생들이 듣는 것을 꺼리지도 않는다. 소리가 끝나면 또 고요하게 침묵 상태로 돌아가니, 그것은 곧 불법의 세계를 암시하는 자태이다.

사물을 두는 위치

규모가 큰 사찰에서는 대개 사물을 종루나 종각과 같은 별도의 건물에 설치한다. 종루는 대웅전과 같은 중심 법당과 일주문을 잇는 축선의 오른쪽에 배치하는 것이 원칙이다. 다시 말해, 일주문에서 법당으로 진입하는 방향에서 볼 때 왼쪽에 해당된다. 구례 화엄사, 양산 통도사, 부안 내소사, 여주 신륵사와 같은 규모가 큰 다수의 절에서 이 원칙이 지켜진 사례를 확인할 수 있다.

범종각을 이곳에 배치한 데에는 좌체우용左體右用의 원리가 적용되어 있다. 체體는 어떤 보이지 않는 근원적 실재를 말하며, 용用은 체가 현실로 드러난 현상이나 작용을 의미한다. 법당에 불상과 협시보살상을 배치하는 데에도 이런 원칙이 적용된다. 예컨대 대웅전의 경우 석가여래 왼쪽에 문수보살, 오른쪽에 보현보살을 배치하는데, 그 이유는 문수보살은 대지大智 보살이고, 보현보살은 대행大行 보살이기 때문이다. 지智는 지혜의 근본 좌표이며, 행行은 지혜가 외부로 드러나는 자태이므로 문수보살은 '체'에, 보현보살은 '용'에 해당한다. 따라서 문수보살을 석가여래 좌측에, 보현보살을 우측에 배치하는 것이다. 사물의 경우도 마찬가지이다. 사물은 불교의 '체'라고 할 수 있는 법을 소리로써 드러내는 용구로서 '용'에 해당하기 때문에 좌체우용의 원칙에 따라 금당의 오른쪽에 배치하는 것이다.

1장

묘리의 울림, 범종

"금과 옥 같은 종소리 대천세계 진동하니
밝고 맑은 달의 정기 쌍계수에 새기는 듯하네."

묘리妙理의 울림,
범종

 1200여 년 전, 신라의 한림랑 김필해金弼奚(또는 김필오金弼奧)는 〈성덕대왕신종명聖德大王神鍾銘〉에 이렇게 썼다.

"무릇 궁극적인 묘한 이치는 형상을 초월해 있으므로 이를 보려 해도 그 근원은 볼 수 없으며, 진리의 소리[大音]는 천지간에 진동하나 이를 들으려 해도 그 소리를 듣지 못한다. 그러므로 비유의 말을 내세워 삼진三眞의 오묘한 진리를 알게 하고, 신종을 높이 달아 올려 일승一乘의 원음圓音을 깨닫게 한다."

범종이 단순히 시간과 때를 알리는 용구가 아니라 범음을 전하는 법기法器임을 설파한 것이다. 범종에 대한 이런 생각은 그로부터 700여 년 후 조선의 유학자 최항崔恒(1409~1474)이 지은 〈원각사종명

포항 보경사 범종각
1층에 범종을 두고 2층에 목어, 법고, 운판을 따로 두었다.

圓覺寺鐘銘〉으로 전해졌다. "튼튼한 통나무에 천 근이 달렸으니 하늘 형상 본떠서 비고 둥글다네. 웅장한 소리 때로 빈 데에서 퍼져 나오니 잠시 동안 산마루에 벽력이 울리는 것 같다. 시방의 용상龍象과 성현들이 종성鐘聲을 듣고 다시 정진하고, 탕화湯火에 닳고 닳은 일체의 고통들이 이 소리를 들어 맑은 물 끼얹은 듯하다."

오늘도 사찰의 범종은 여전히 중생들로 하여금 진리를 깨달아 일체의 고통을 여의케 하는 신기神器로서, 우주의 이치와 부처님의 묘음을 전하는 법기法器로서, 참다운 교법을 일으키는 예기禮器로서 불자들의 마음을 움직이고 있다.

종의 기원

석가모니 시대의 종 건추

초기 불교 경전 중 하나인 『증일아함경』 제24권 〈선취품〉에 다음과 같은 내용이 보인다.

> "그때 아난존자는 부처님의 말을 듣고 기뻐 뛰면서 어쩔 줄을 몰라 하며 곧 강당으로 올라가 건추를 잡고 '나는 지금 이 여래의 신고信鼓를 치리니, 모든 여래의 제자 대중들은 다 모여라'라고 말했다."

Ghanta
간타는 흔들어 소리를 내는 작은 종으로, 불교권은 물론 힌두교 사찰에서도 널리 사용된다.

또한 『오분율五分律』 권18에도 1차 승단 포살布薩 때 대중들 스스로 잘 모이지 않아 좌선행도坐禪行道가 황폐하기에 이르자, 불타가 대중을 소집하기 위해 건추와 북을 쳤다는 기록이 있다. 여기서 건추란 범어 '간타(Ghanta)'를 한자로 음역한 것으로, 종 또는 신호용 타악기를 총칭하는 말이다. 『석씨요람釋氏要覽』에서는 "종鐘 · 경磬 · 석石 · 판板 · 목어木魚 등 두들겨서 소리가 나는 것으로, 대중을 집합시킬 수 있는 것을 모두 건치犍稚라 한다"고 하였다. 여기서 '건치'는 건추의 다른 말이다. 옛날 건추는 황동으로 만들어졌으며, 오늘날의 범종보다 크기가 작았다. 내부에 종탁鐘鐸이 달린 구조가 요령과 비슷하며, 종을 울리면 높은 음조의 소리가 난다고 하였다.

한편 도선 율사의 〈주지감응기住持感應記〉에는 조금 다른 내용이

중국의 고대 종 가운데 하나인 편종은 제사나 연주 등에 타악기로 사용되었다.

기록되어 있는데, 요약해보면 이렇다.

사위성[祇園] 계율원에 무게 30만 근의 종이 있었다. 대천세계大千世界의 성인들을 모으려고 사천왕이 함께 조성한 것인데, 목련존자가 신통력으로 치면 그 소리가 먼 데까지 들렸다. 종대鐘臺 높이가 7장丈이고, 종의 모양은 오吳나라의 것과 같았다. 4면에는 해와 달과 산천과 강과 바다의 형상이 있고, 또 말·섬·저·울·자 등의 모형도 있다. 목련존자가 치면 표시할 일에 따라 소리를 내면서 알려주지만, 범부나 스님이 치면 소리만 났다. 실존 인물이 아닌 사천왕이 조성했다고 한 것을 보면 실제로 그런 종이 있었는지 의심이 가지만, 그렇다고 사실 여부를 확인할 길은 없다. 어쨌든 부처님이 계시던 때에 종이 사용되었던 것은 틀림없는 사실로 생각된다.

중국에서부터 전해온 범종

범종의 시원을 찾아 올라가는 데 도움을 주는 내용이 〈성덕대왕신종명〉에 보인다.

"무릇 종이라는 것은 부처의 고향에서 상고하면 계니罽膩에 증거가 있고, 중국에서 찾으면 고鼓와 연延에 의해 처음 제작되었다. 夫其鍾也 稽之佛生則驗在於罽膩 尋之帝鄕則始制於鼓延"

여기서 '계니'는 서역의 국가 이름으로 대월씨국, 지금의 아프가니스탄이라고 볼 수 있다. 종을 처음 만든 사람은 '고'와 '연'이라

강화 전등사 범종 명문
1097년(고려 숙종 2)에 조성된 종으로, 명문을 보면 중국 허난 성 백암산 숭명사의 종이었음을 알 수 있다. 보물 393호

고 했는데, 이 인물들에 관한 기록을 중국의 가장 오래된 신화적 지리서인 『산해경山海經』〈해내경海內經〉편에서 볼 수 있다. 염제의 자손인 백릉이 아녀연부阿女緣婦와 통해 고鼓, 연延, 수殳 세 아들을 낳았는데, 고와 연이 처음으로 종을 만들고 음악의 곡제인 악풍을 만들었다고 되어 있다.

양식 변화의 측면에서 바라본 범종의 시원에 관한 설 가운데 설득력이 있는 것은 중국 고대 은殷나라 때 제작된 요鐃를 범종의 시원으로 보는 설이다. '요'는 제례용 금속 타악기의 일종으로 후에 36개의 돌기가 달린 정鉦으로 변모하며, 주周나라 말기에 오면 손잡이

용종과 뉴종
종 윗부분에 손잡이가 달린 용종(중국 광동성박물관 소장)과 손잡이 대신 고리가 달린 뉴종(대만 국립고궁박물관 소장)

에 고리가 장착된 용종甬鐘으로 발전하게 된다. 요와 정은 손잡이를 잡고 종구鐘口를 하늘로 향하게 하여 친다는 공통점이 있었다. 반면 용종은 고리를 이용해서 시렁에 매달아놓고 치기 때문에 종구가 바닥을 향한 모양새가 되는데, 이것이 매다는 종의 시원이 되었다.

이후 춘추전국시대에 오면 새로운 형태의 뉴종鈕鐘이 탄생한다. 용종에서 쓸모없어진 손잡이가 사라지고 종 머리에 큰 고리가 달린 형태로 발전한 것이다. 뉴종은 강한 실용성을 갖추고 있었으나 조형미가 떨어진다는 약점 때문에 그 자리를 박종鎛鐘에 물려주게 된다. 박종은 뉴종의 고리와 종신鐘身을 온갖 문양과 화려한 장식으로 치장한 것이 특징이다. 처음에는 고리 부분을 봉황이나 사자 모양으로 조각하여 단조로움을 극복했으나, 점차 용을 조각하는 것으로 정착

북송시대의 박종
박종은 이전의 용종과 뉴종에 비해 다양한 문양과 화려한 장식이 특징이다.

되어갔다. 종을 매다는 고리 부분을 용뉴龍鈕라고 부르게 된 것은 이로부터 시작된 것이다.

　박종에서 잠시 변화를 멈춘 중국의 종은 한漢나라 때로 접어들면서 획기적인 변화를 맞이한다. 지금까지의 소형 종보다 몇십 배 큰 대형 종이 등장한 것이다. 시간을 알리거나 성문을 여닫을 때, 그리고 행인을 통제하거나 군사를 징발하는 등 행정적인 도구로서 대형 종이 필요했기 때문이다. 사람들은 이 종을 관청에서 쓰는 종이라 하여 특별히 관종官鐘이라 불렀다. 이즈음 불교가 중국에 전래되고 방방곡곡에 사찰이 들어서기 시작하면서 의식에 쓸 대형 종이 필요해졌다. 이때 승려들의 눈길을 사로잡은 것이 바로 관종이었다. 그들은 관종을 사찰 경내로 끌어들여 법회 등의 행사 때 사용하면서 관종과 구별하여 '범종'이라 불렀다. 이후 우리나라는 중국으로부터 받아들인 범종을 웅장하고 미려한 자태와 독특한 의장을 갖춘 새로운 한국형 범종으로 변화, 발전시켰다.

종과 관계된 이름들

사찰에서 사용하는 대종은 보통 범종梵鐘으로 불린다. 여기서 '범梵'이라는 것은 산스크리트어 '브라마(Brahmā)'를 음역한 '범마梵摩(fàn mā)', '범람마梵覽摩(fàn lǎn mā)' 등의 말에서 '범'자만 따온 것이다. 브라마는 청정 · 적정 등으로 의역되며, 우주의 이치나 만유

합천 해인사 범종루 편액
사찰에서 종을 범종이라고 부르는 것은 '梵'이 '맑고 깨끗한 부처님의 소리'를 뜻하는 산스크리트어 '브라마'를 음역한 상징적인 말이기 때문이다.

의 근원으로도 해석된다. 또한 범은 맑고 깨끗한 불·보살의 음성이나 경법의 소리를 상징하기도 한다. 따라서 '범'은 불교 교리와 이상을 포괄적으로 함축하고 있는 말이라 할 수 있다.

범종은 그 중요한 쓰임과 상징성만큼 많은 별칭을 가지고 있다. 경종鯨鐘이라 불리기도 하는데, 이것은 옛날 종 치는 당목의 모양을 고래 모양으로 만든 것에 연유한다. 고래 모양으로 깎아 만든 당이 경당鯨撞이다. 이것으로 포뢰 용을 앉힌 종을 치면 놀란 포뢰가 울부짖어 크고 웅장한 종소리가 난다고 한다. 포뢰 용과 경당의 관계에 대한 것은 뒤의 '정성과 염원의 표현, 범종의 장식' 부분에서 상세히 설명할 것이다.

사찰의 종은 신종神鐘으로도 불린다. "신종을 걸어 일승의 원음을 깨닫는다"고 한 〈성덕대왕신종명〉을 비롯한 각종 문헌 기록에서 '신종'이라는 표현을 흔히 볼 수 있다. '신神'은 정신의 근원이라는 뜻과 천지 만물의 근본이라는 의미를 가지고 있다. 범종을 신종이라고 부르는 배후에는 종을 신령이 깃든 성물聖物로, 종소리를 만법 근원의 상징으로 보는 불자들의 관념이 자리 잡고 있다.

남양주 봉선사 종명

보물 397호 봉선사 대종에는 종의 크기를 나타내는 '홍종 洪鐘'이라는 명문이 새겨져 있다.(사진 표시 부분)

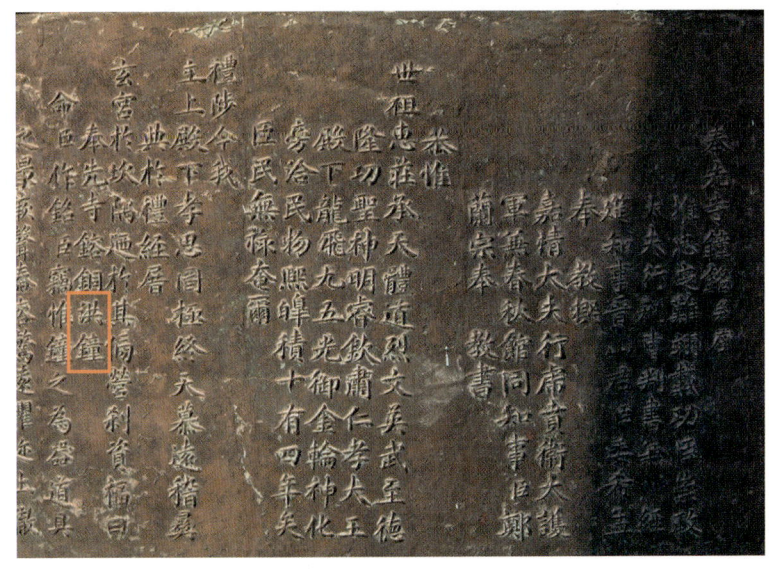

　　홍종鴻鐘 또는 불종佛鐘이라는 말도 있다. '홍鴻'은 홍지鴻志(큰 의지), 홍문鴻文(대작) 등의 말에서 보듯이 크고 웅장하다는 뜻이다. 따라서 홍종은 종의 크기와 관계된 명칭이라 할 수 있다. 그리고 불종은 불가에서 사용하는 종이라는 뜻이므로 종의 사용처를 나타낸 것이다. 〈봉선사종명奉先寺鐘銘〉 "爰命有司 欽鑄洪鐘원명유사 흠주홍종"의 예에서 보듯이 드물게 '洪鐘'이라는 말도 쓰였다.

　　범종과 연관된 말도 여러 가지가 있다. 종경鐘磬 또는 종석鐘石은 종과 경磬, 종판鐘板은 종과 운판, 그리고 종고鐘鼓는 종과 북을 함께 이르는 말이다. 그리고 종유鐘乳란 종의 상대上帶와 하대下帶 사이에 융기된 장식이 젖꼭지를 닮았다는 데에서 나온 말이다. 종실鐘室은 종을 매달아두는 장소를 말하고, 종명鐘銘은 종에 새겨진 명문銘文을 가리킨다. 그리고 종어鐘魚라는 말은 고래 모양의 당목으로 종을 친 데에서 유래되었다.

    범종은 치는 시간에 따라서도 그 이름이 다르다. 새벽에 치는 종을 효종曉鐘, 저녁에 치는 종을 혼종昏鐘이라 한다. 종정鐘定이라는 말도 있는데, 이는 하루 일과가 끝난 후에는 종성을 잠시 멈추어 다시 치지 않는다는 뜻이다. 끝으로 종고지색鐘鼓之色이라는 말은 즐겁고 기쁜 표정을 종과 북소리에 비유한 것이다.

만물이 진동하다

하늘은 우레로써 만물을 진동하고, 부처는 종으로써 대중을 깨우친다. 우주 만물의 조화는 크고 장엄한 우레 소리가 아니면 능히 이룰 수가 없다. 범종을 치면 천둥같이 울려 구천九天을 진동하는 위력이 삼계三界에 은은하다. 천지 사방을 두루 돌아 신화神化를 통달케 하는 것은 범종 소리보다 빠른 것이 없고, 여운을 널리 펴는 것은 범종 소리보다 좋은 것이 없다.

    새벽 종소리는 사생四生을 숨 쉬게 하고 삼라만상을 깨우며 범음을 유포한다. 불자들은 종소리를 듣고 스스로 일어나 분발하고 정진하며, 저녁 종소리를 들으면 마음의 근원이 원래 정결함을 깨달아 자심慈心을 베풀고 비념悲念을 품는다. 타종 횟수는 하늘의 이치에 대응

청도 운문사 범종루의 타종

사찰에서 범종을 치는 것은 삼라만상을 깨우고 범음을 통해 수행 정진을 게으르지 않게 하기 위함이다.

하고, 타종의 강약은 우주의 생성 소멸 원리에 상응한다. 이처럼 한국 사찰의 범종은 단순한 신호기의 차원을 넘어 범음을 전하는 법기로 존재해오고 있다.

효종과 혼종

사찰의 하루 일과는 종소리로부터 시작해서 종소리로 끝난다. 새벽에 치는 종을 '효종', 저녁에 치는 종을 '혼종'이라 한다. 효종을 칠 때에는 먼저는 느리게 뒤에는 급하게 치며, 혼종을 칠 때에는 처음에는 빠르게 나중은 느리게 친다.

　효종을 처음부터 빠르게 치지 않는 것은 밤사이에 길러진 맑고 깨끗한 기운을 갑자기 깨뜨리지 않기 위한 마음 씀씀이다. 옛사람들은 밤사이에 길러진 청정한 기운을 야기夜氣라 하여 낮에도 야기를 보존하는 것을 중요하게 생각했다. 그래서 새벽부터 좋지 않은 언행을 삼가고 경건한 마음으로 새날을 맞이했던 것이다. 그것은 조심스럽게 낯선 시간 속으로 진입하려는 마음의 표현이자 야기를 잃지 않으려는 다짐이기도 했다. 마음은 꼭 잡고 있으면 간직되고, 놓아버리면 없어진다. 선완후급先緩後急의 아침 범종 소리에는 야기를 유지하면서 새로운 시간 속으로 진입하려는 수행자들의 마음 씀씀이가 반영되어 있다.

　혼종을 칠 때에는 효종과 반대로 먼저는 급하게 뒤에는 느리게 친다. 여기에는 낮 동안 생긴 사념, 망상으로부터 벗어나 본성을 회복하는 밤의 시간 속으로 들어간다는 의미가 있다. 혼종 이후에는 타종을 멈추고 다시는 치지 않는다. 이때 종은 소리 없는 진정鎭靜의 상태에 들어가게 되는데, 이 상태를 종정鐘定이라 한다. 종정과 함께 사람도 한가롭고 조용한 밤을 맞이할 준비를 한다. 이것이 인정人定이

구례 화엄사 새벽 타종
새벽에 치는 효종은 느리게 치다가 빠르게 치고, 저녁에 치는 혼종은 빠르게 치다가 점차 느리게 친다.

다. 조선시대에 밤 10시가 되면 관종을 쳐 인정을 알렸는데, 그 의미 또한 이와 같다.

진여의 종소리

도끼가 무거우면 나무 깊이 파고들듯, 종소리가 우렁차면 마음을 파고드는 깊이도 깊어진다. 종은 안 치면 몰라도 한번 울리면 바다가 일렁이고 산이 흔들릴 정도로 소리가 커야 법기로서의 위의威儀를 발휘할 수 있다. 우렁찬 범종 소리가 울리면 위로는 허공에 사무치고 아래로는 지옥 중생에까지 이른다. 종소리는 중생들로 하여금 언행을 의젓이 하고 엄숙한 마음을 갖게 하며, 옥을 잡은 듯, 가득한 물그릇을 받든 듯 행동을 조심케 한다. 그러나 울림을 그친 범종은 모든 것을 다시 침묵의 근원으로 되돌린다. 이처럼 범종은 소리를 울릴 때나 종정의 상태에 있을 때나 항상 법을 전하는 신통과 묘용을 갖추고 있다.

『대불정여래밀인수중다라요의제보살만행수능엄경大佛頂如來密因修證多羅了義諸菩薩萬行首楞嚴經』(약칭 『능엄경』)의 기록에 의하면, 부처님이 기타원祇陀園(기원정사)에 머물러 계실 때 이렇게 말씀하셨다.

"아난아, 이 기타원에서 공양이 마련되면 북을 치고, 대중을 불러 모을 때 종을 쳐서 그 북과 종소리가 앞뒤로 서로 이어지는 소리를 들어보아라. 너는 어떻게 생각하느냐. 이들 소리가 귓가로 온다고 생각되느냐? 아니면 소리 나는 데로 너의 귀가 간다고 생각되느냐?"

아난이 확실한 대답을 못 하고 주저하고 있을 때, 부처님은 또

운문사 타종 모습

말씀하셨다.

"아난아, 만일 소리가 귓가로 온다면 내가 실라벌성室羅筏城에서 걸식할 때에는 이곳 기타림祇陀林에는 없는 것처럼, 이 소리가 아난의 귓가로만 오는 것이라면 목련과 가섭은 함께 듣지 못해야 할 터인데, 더욱이 어찌 1250명의 사문이 한꺼번에 종소리를 듣고 다 같이 공양할 곳으로 오겠느냐.

만일 네 귀가 저 소리가 나는 데로 간다면 내가 기타림에 돌아와 머물 때에는 그곳 실라벌성에는 내가 없는 것과 같아서, 네가 북소리를 들을 적엔 그 귀가 이미 북 치는 곳으로 가 종소리가 같이 나더라도 마땅히 함께 들을 수 없어야 하는데, 더욱이 어찌 그 가운데 코끼리와 말과 소와 양들의 여러 가지 소리들을 한꺼번에 듣는 것이냐. 만일 오고 감이 없다 하더라도 어찌 들음마저도 없겠는가."

부처님은 듣는 주체와 소리는 모두 처소가 없고, 이 두 처소는 둘 다 허망하여 본래 인연도 아니고 자연도 아니라는 '여래장如來藏의 묘한 진여眞如의 성품'을 설파하신 것이다.

침 묵 의   소 리

"너희들은 집회에서 마땅히 두 가지 일을 행해야만 하니, 법을 설하거나 성스러운 침묵을 지켜라."

-『사익범천소문경思益梵天所問經』〈논적품論寂品〉

서울 봉은사 범종과 당목
종소리는 침묵 속에 응결된 소리가 되살아나 사방으로 울려 퍼진다. 그러다가 소리가 잦아지면 본래의 맑고 깨끗한 침묵으로 되돌아간다.

하늘은 우레로써 만물을 진동시키고, 부처는 범음으로써 대중을 깨우친다. 참된 가르침은 끝이 없고, 대음大音의 종이 아니면 큰 뜻을 깨칠 수 없다. 그러나 성덕대왕 신종에 새겨진 문구처럼 진리의 소리[大音]는 천지간에 진동하지만 그것을 들으려 해도 들리지 않는다. 지극히 고요하여 아무 조짐이 없는 충막무짐 상태의 구름 속에서 우레가 터져 나오는 것처럼 범종 소리도 종정의 침묵 상태에서 울려 나온다.

현실에서 일어나는 모든 괴로움에서 벗어날 수 있도록 몸과 감각과 마음과 법을 있는 그대로 관찰하여 통찰하는 실참實參 수행법인 사념처四念處에 대해 말하는 것을 '법을 설한다'고 하며, 일체의 법에 대해 기억하고 생각함이 없는 것을 '성스러운 침묵'이라 한다. 침묵이 성스러운 것은 그 속에 팔만사천의 일체 법문이 다 들어 있기 때문이다.

    종의 안쪽은 비어 있다. 종소리는 이 빈 속에 응축되어 있다가 인연을 만나면 울려 나온다. 지금 소리가 없다 해도 그 무짐無朕한 침묵 속에 대음이 충만하다. 이 깊은 침묵을 깨는 것이 타종이다. 당목이 당좌撞座(종을 치는 자리)를 때리면 침묵 속에 응결된 소리가 되살아나 사방으로 울려 퍼진다. 울림을 마치면 종소리는 다시 깊은 침묵 속으로 빠져든다. 본래의 맑고 깨끗한 근원으로 돌아가는 것이다.

    종소리가 크게 울리다가 잦아드는 순간은 '유'에서 '무'로 귀의하는 자태이며, 소리의 근원인 침묵으로 되돌아가는 장면이다. 앞의 종소리와 그다음 종소리 사이의 묵음默音의 순간은 종소리의 여백이다. 이 여백은 텅 비어 있는 것이 아니라, 앞선 소리의 귀의처인 동시에 다음에 날 소리의 연원이다. 종소리가 여래장의 묘한 진여 성품을 갖추었다고 하는 뜻이 바로 여기에 있다.

인 연 이   담 긴   소 리

종은 작은 채로 치면 작게 울어주고, 큰 당목으로 치면 크게 울어준다. 절 안에서 범종을 치지만 그 큰 울림은 일주문 밖으로 퍼져 나가 천지 사방에 미친다. 임금도 듣고, 선비들도 듣고, 민초들도 듣고, 생명 있는 만물이 모두 듣는다.

조선 전기의 문신 서거정徐居正(1420~1488) 등이 중심이 되어 시문을 모아 편찬한『동문선東文選』에 실린 소상팔경시瀟湘八景詩의 〈연사모종煙寺暮鐘〉에서 조선 유학자 강희맹姜希孟(1424~1483)은 "고래(범종) 소리 홀연히 산 모양 흔드니, 서른여섯 차례 그 종소리, 소리마다 티끌세상 슬퍼하네鯨音忽撼暝山容 三十六聲鐘 役役悲塵世"라고 읊었다. 종소리가 연緣이 되어 숨어 있던 본성[因]이 발동한 것이다.

김창협金昌協(1651~1708)의 시집『농암집農巖集』의 〈지동신거상량문芝洞新居上梁文〉에서는 "이따금 들리는 범종 소리가 깊은 성찰 일으키니, 일어나 숲을 보며 절간을 물어보네時有鍾聲發深省 起看蒼翠問招提"라는 구절을 볼 수 있다. 범종 소리가 깊은 성찰을 일으키는 계기를 마련해주었다는 것이다.

또한 김극기金克己(1379~1463)가 "아침 범종은 묵중하게 귀머거리 깨우치고, 저녁 종은 길이 고요함을 깨뜨리네. 번뇌의 기틀 정상淨想에서 달아나고, 뛰어난 경치 깊이 찾는 데에서 따라온다"라고 읊은 내용이『신증동국여지승람新增東國輿地勝覽』〈태인현泰仁縣〉조에 실려 있는데, 이는 속인이 범종 소리와 맺은 인연을 노래한 것이다.

사승은 범종을 칠 때, 아침에는 "원컨대 이 종소리 법계에 두루 퍼져 철위산 아래 어두운 지옥 밝혀주고, 지옥 아귀 축생 삼도의 고통과 칼산의 지옥 고통 없애주며, 모든 중생 깨달음 이루게 하소서"라는 게송을 외운다. 그리고 저녁에는 "종소리가 번뇌를 끊고 지혜를 길러 보리가 이루어지고, 지옥 삼계에서 벗어나 부처를 이루어

하동 쌍계사 범종루
지리산 쌍계사 범종루에는 정면에 네 개, 후면에 네 개의 주련이 걸려 있는데 종 치는 사승의 마음을 읊은 글귀가 적혀 있다.

중생을 모두 건네지이다"라고 염송한다. 사승의 게송 소리는 멀리까지 들리지 않으나 범종의 울림을 타고서 시방세계로 퍼져 나간다. 지리산 쌍계사 범종루 주련柱聯에도 종 치는 사승의 마음이 담겨 있다.

원컨대 이 종소리 법계에 두루 퍼져	願此鐘聲遍法界
철위산의 깊고 어두운 무간지옥 다 밝아지며	鐵圍幽暗悉皆明
지옥 아귀 축생의 고통과	

칼산의 고통을 모두 여의고	三途離苦破刀山
모든 중생 바른 깨달음 이루소서	一切衆生成正覺
삼신산의 장엄한 범종루에서	三神山中梵鐘樓
금과 옥 같은 종소리 대천세계 진동하니	金聲玉振大千界
구름 위의 청학이 하늘 밖을 뚫는 듯하고	雲上靑鶴徹天外
밝고 맑은 달의 정기 쌍계수에 새기는 듯하네	晧月精明印雙溪

큰 울림, 타종 법식

사람들의 가슴을 파고드는 웅장한 범종 소리는 흔히 불음佛音에 비유된다. 그런 의미에서 타종 법식은 매우 중요하며, 불교 종파나 사찰마다 나름의 타종 법식을 갖추고 있다. 종파에 따라서는 종성 그 자체를 중시한 나머지 타종 법식에는 큰 의미를 두지 않는 경우도 있지만, 사물을 공부하는 사람의 입장에서는 타종의 일반적인 법식을 알아두는 것도 좋은 일이다.

타종은 조석으로 행해지는 일련의 불교 의례와 관련되어 있다. 그러므로 타종 법식에 앞서 조석으로 행해지는 예불 의식부터 살펴보는 것이 좋을 듯하다.

다음은 경기 광주 광덕사 덕산 스님의 도움을 받아 작성한 예불 절차와 방법이다.

사찰에서 시작된 범종 소리는 큰 울림이 되어 천지 사방으로 퍼져 나간다.

도량석

도량석道場釋은 새벽 예불 전에 행하는 의식으로, 도량을 정결하게 한다는 뜻과 함께 잠들어 있는 천지 만물을 깨우고 일체 중생들이 미혹에서 깨어나도록 하는 의미가 있다. 이것의 기원은 '바이살리의 기근'에 두고 있으며, 부처님 성도成道 후 5년경의 일로 추정되는 사건들을 기록한 『중아함경中阿含經』에 다음과 같은 관련 내용이 전해진다.

부처님께서 왕사성의 죽림정사竹林精舍에 머물고 계실 때, 이웃나라 바이살리에서는 가뭄 때문에 많은 사람들이 굶주림과 질병으로 죽어갔다. 사람들은 브라만교 방식에 따라 신에게 제사를 지내기도 하고, 당시 유행하던 자이나교 및 육사외도六師外道의 지도자를 청해 재난을 극복하려 했으나 모두 실패로 돌아갔다. 마침내 부처님의 위신력威神力에 의지할 수밖에 없다고 판단하여 당시 왕사성에 머물던 부처님을 모시게 되었다.

사람들의 요청에 따라 부처님께서 뗏목으로 갠지스 강을 건너 바이살리 땅에 다다르자 모든 질병의 독기가 일시에 맑아지고 병의 기운이 힘을 잃기 시작했다. 부처님께서는 제자 아난다에게 명하여 『보경寶經(Ratnasutra)』을 외우게 하셨다. 그리고 아난다가 『보경』을 외우며 성벽을 돌 때 그 뒤를 따라가며 발우에 담긴 맑고 깨끗한 물을 곳곳에 뿌리셨다. 그렇게 하니 모든 악기惡氣가 스스로 쫓겨나고 염병은 사라졌다는 내용이다.

현재 우리나라 사찰에서는 새벽 3시에 도량석을 행한다. 하루의 변화를 볼 때 자시子時(밤 11시~새벽 1시)에는 하늘의 기운이 열리고, 축시丑時(새벽 1~3시)에는 땅의 기운이 열리며, 인시寅時(새벽 3~5시)에는 사람의 기운이 열린다. 그래서 천天·지地·인人 삼재三才가 모두 열리는 새벽 3~5시 사이에 도량석을 행하는 것이다.

도량석은 대웅전 정면, 문 앞마당에서 부처님을 향해 목탁을 세 번 올리고 내렸다가 다시 한 번 올린 후 경문을 독송하는 것으로 시작된다. 목탁을 치는 방법은 현재 대략 네 가지 종류가 있는데, 금강선원의 예를 소개하면 다음과 같다.

도량석을 시작할 때 목탁 울리는 법

· ○ ○ ○ ○ ○ ○ ○ ○ ○ ○ ○ ○ ○ ○ ○ ·
（세　번　후）
· ○ ○ ○ ○ ○ ○ ○ ○ 　　◎ ◎ ◉

경문과 목탁 소리의 조화

○	○	○	○	○
정	구업	진언	수리	수리
○	○	○	○	○	○
마하	수리	수수	리	사바	하

＊ 경문은 목탁 한 박자에 두 음절씩 배당한다.

목탁을 치며 정구업진언淨口業眞言에서 개법장진언開法藏眞言까지 외운 다음 사대주四大呪, 『천수경千手經』, 화엄경약찬게華嚴經略讚偈, 관음예문觀音禮文, 『초발심자경문初發心自警文』, 법성게法性偈 등을 정해진 시간에 따라 더하거나 뺄 수 있다.

도량석을 마칠 때 목탁 내리는 법은, 법계보회향진언法界普回向眞言을 외우면서 도량석을 처음 시작한 대웅전 정면까지 온 다음 "계수서방안락찰 접인중생대도사 아금발원원왕생 유원자비애섭수 고아일심귀명정례稽首西方安樂刹 接引衆生大導師 我今發願願往生 唯願慈悲哀攝受 故我一心歸命頂禮"하면서 목탁을 길게, 조금 짧게, 더 짧게 세 번 내린 후 세 망치로 마친다. 이것을 도식화하면 다음과 같다.

도량석을 마칠 때 목탁 내리는 법

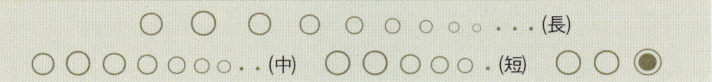

타 종

도량석이 끝나면 법당 밖 종고루鐘鼓樓의 사물을 치는데, 새벽에는 법고를 시작으로 목어, 운판, 범종 순으로 치고, 저녁에는 법고, 운판, 목어, 범종의 순서로 친다. 어떤 경우든 범종을 맨 마지막에 친다. 불교 의례 규범인 『석문의범釋門儀範』에는 아침에 28번, 저녁에 36번 치는 것으로 되어 있다. 현재 우리나라 사찰에서는 아침에 28번, 저녁에 33번 치고 있는데(사찰에 따라서는 아침에 33번, 저녁에 28번 치는 경우도 있다) 저녁 타종 횟수는 『석문의범』 내용과 차이가 난다.

이 경우 28과 36은 물론 상수象數의 성격을 지니고 있다. 새벽 타종 횟수 28이 가진 의미를 『석문의범』에서는 이렇게 설명한다. 하루의 시작인 여명은 동쪽에서 시작되고, 동쪽을 나타내는 수는 3과 8이다. 이 두 수를 곱하면 24가 되는데, 여기에 북동·남동·남서·

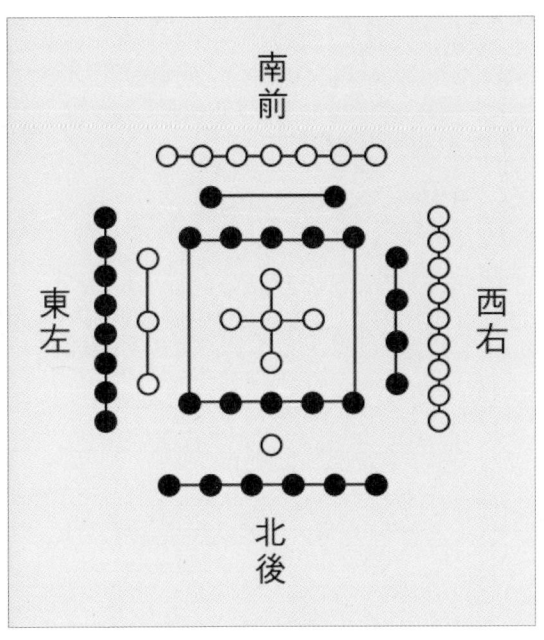

하도河圖
아침, 저녁 타종 횟수의 근거가 되었다.

북서의 동서남북 사이 방위, 즉 간방間方의 수 4를 더하면 28이 된다. 여기서 3과 8을 동쪽의 수라고 한 것은 그림에 보이는 하도河圖 상에서 동쪽에 3과 8이 배치된 것을 근거로 하고 있다. '하도'는 복희씨 때 황하에서 용마龍馬가 등에 지고 나왔다는 『주역周易』 팔괘의 근원이 되는 그림으로 동양 철학의 근간이 되었다.

한편 저녁 타종 횟수 36은 하루가 끝나는 서쪽을 나타내는 4와 9를 곱한 수에 대응시킨 수로, 하도에 보이는 서쪽에 4와 9가 배치된 모습이 근거이다. 조선의 유학자 강희맹이 〈연사모종〉에서 "고래(범종) 소리 홀연히 산 모양 흔드니, 서른여섯 차례 그 종소리, 소리마다 티끌 세상 슬퍼하네"라 하여 저녁 종이 36번 울린다고 묘사하고 있는데, 이것을 보면 과거 조선시대에는 『석문의범』의 내용대로 저녁에 종을 36번 쳤음을 알 수 있다.

한편 불교적 해석은 좀 다르다. 33은 삼계 33천에 대응하는 수이고, 28은 삼계 33천 중 지옥, 축생, 아귀, 아수라, 인간의 5를 뺀 수, 즉 천상계에 대응하는 수라는 것이다.

불교적 세계관에 의하면, 불국세계는 일체중생이 생사윤회 하는 색계色界, 욕계欲界, 무색계無色界의 삼계로 이루어져 있다. 욕계에는 지옥·축생·아귀·아수라·인간·사왕천·도리천·야마천·도솔천·화락천·타화자재천의 11천이 있고, 색계에는 범중천·범보천·대범천·소광천·무량광천·광음천·소정천·무량정천·변정천·무운천·복생천·복애천·광과천·무상천·무번천·선견천·선현천·색구경천의 18천이 있으며, 무색계에는 공무변천·식무변천·무소유천·비상비비상천의 4천이 있다. 이 세계를 모두 합한 수가 33이다. 즉 범종을 33번 치는 것은 종소리 하나하나를 천에 대응시키는 것이며, 28의 수는 33천에서 욕계의 5천을 제외한 천상계에 대응하는 수로 볼 수 있다.

33의 수는 '도리천'의 수이기도 하다. 도리천은 욕계 11천 중 일곱 번째에 해당하는 천의 하나로, 'Trāyastriṃśa'라는 말 자체가 33이라는 뜻이다. 이 33이라는 수는 수미산 꼭대기에 있는 제석천 거소居所인 선견성과 수미산 사방에 있는 32천을 합한 수이다. 욕계, 색계, 무색계로 구성된 삼계의 33천이 수직으로 층을 이룬 큰 33천이라고 한다면, 도리천은 수미산을 중심으로 수평적으로 전개된 작은 33천이라 말할 수 있다.

33의 수와 관련한 해석 중에는 '관세음보살 33응신설應身說'도 있다. 관세음보살은 중생을 교화하기 위해 갖가지 모습으로 나타나는데, 『묘법연화경妙法蓮華經』에서는 이것을 '관세음보살 33응신'이라 표현하고 있다. 내용은 용두관음, 양류관음, 백의관음, 수월관음 등 33가지 관세음보살 응신이 등장하는 것으로 되어 있다. 이 밖에

안양 석수동 마애종
현존하는 마애종으로는 유일하다. 고려시대 조성된 것으로 종의 세부 표현이 청동제와 매우 유사하다. 경기도 유형문화재 92호

달마 대사의 법맥을 계승한 33명의 조사祖師 수를 타종 횟수와 연결시켜 해석하는 경우도 있으나 억지로 끌어 붙인 느낌이 있다.

　조선시대에는 보신각종처럼 정부에서 백성들에게 시간을 알리기 위해 만든 관종을 치는 데 일정한 법식이 있었다. 아침에 28번, 저녁에 33번 쳤는데 이 경우 28의 수는 동아시아의 전통적 성좌 분류법인 3원 28수宿와 관련이 있다. 3원은 동양 천문학상 별자리의 세 구획인 태미원太微垣, 자미원紫微垣, 천시원天市垣을, 28수는 천계 사방에 자리한 28개의 별자리를 말한다. 동방에서는 청룡이 7수를, 서방

에서는 백호가 7수를, 남방에서는 주작이 7수를, 북방에서는 현무가 7수를 거느린다. 이 28개의 별자리에 대응시켜 28번 종을 울렸는데, 그 의미는 인간의 뜻을 하늘에 고해 지상의 안녕을 보장받으려는 데 있었다.

앞서 살펴본 대로 『석문의범』이나 조선시대 몇 가지 문헌을 보면 아침에 28번, 저녁에 36번 범종을 치는 것으로 되어 있다. 그런데 우리나라 사찰의 경우는 새벽에 28번, 저녁에 33번 치는 것을 관례로 삼고, 관종의 경우도 새벽 파루罷漏에 28번, 저녁 인정에 33번 치는 것을 법으로 삼았다. 이렇게 시간대에 따른 타종 횟수가 통일되어 있지 않은 것은 동양 전통의 우주관을 바탕으로 한 것이냐, 불교적 세계관을 바탕으로 한 것이냐의 차이에서 오는 현상으로 생각된다.

서산 개심사 범종각

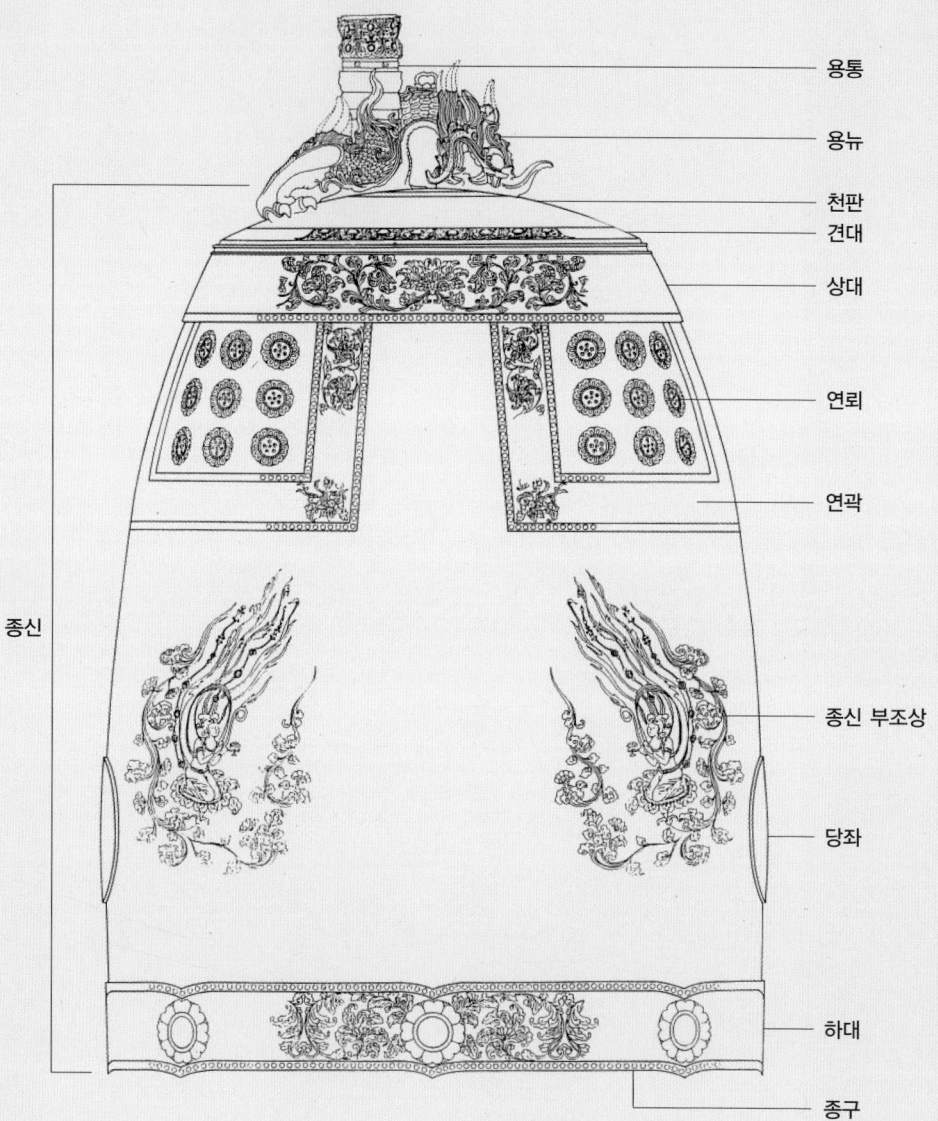

범종의 세부 명칭

① **용통** : 우리나라 범종에서만 볼 수 있는 독특한 양식이자 신라의 삼보 가운데 하나인 만파식적을 상징화한 것으로, 장식적 효과를 높이는 기능을 한다.

② **용뉴** : 용머리와 휘어진 목으로 구성된, 종을 매다는 고리를 말한다. 한국 종에는 용이 한 마리만 있어 일본이나 중국 종처럼 두 마리 용으로 된 것과 구별된다.

③ **천판** : 용뉴와 용통이 있는 넓고 편평한 종의 상부 면이다.

④ **견대** : 천판 가장자리를 돌아가며 연판문 띠가 둘러진 장식대이다.

⑤ **상대** : 천판과 연결된 종신 상부의 문양 띠를 말한다. 이곳에는 보상화문, 연당초문, 국화문 등 화려한 문양이 새겨지고, 때로 범자 장식이 가해지기도 한다.

⑥ **연뢰 · 연곽** : 봉오리 형태로 돌출된 장식을 '연뢰', 그 장식을 싸고 있는 네모난 모양을 '연곽'이라고 한다. 우리나라 종은 연곽 안에 반드시 장식이 아홉 개씩 배치된다.

⑦ **종신** : 종의 몸체로, 통일신라시대 종은 대체로 윗부분이 좁고 아래로 가면 불룩해지다가 다시 종구 쪽이 좁아지는 독과 같은 형태다. 고려시대에는 종구 쪽이 좁아지는 경향이 점차 사라져 직선화된 경우가 많으며, 조선시대에는 고려 말 중국 종의 영향으로 종신이 점차 바깥으로 벌어지거나 원추형, 삼각형과 같은 다양한 모습으로 바뀐다.

⑧ **종신 부조상** : 종신의 당좌와 당좌 사이에 앞뒷면 동일하게 주악천인상과 공양자상, 비천상, 불 · 보살상 등을 장식한다. 통일신라시대 종은 주로 악기를 연주하는 주악상을, 고려시대 종은 비천상이나 불 · 보살 좌상을 장식하며, 조선시대 종은 보살 입상을 배치하는 것이 일반적이다.

⑨ **당좌** : 종을 치는 자리로 마련된 원형의 연꽃무늬와 그 주위의 당초무늬 장식을 말한다. 통일신라시대 종은 당좌가 종신의 3분의 1쯤 되는 가장 도드라진 종복부에 배치되며, 고려시대 종은 하대 쪽에 치우쳐 있는 경우가 많다.

⑩ **하대** : 종구에 연결되는 문양의 띠로, '상대'와 동일하게 장식되는 것이 일반적이다.

⑪ **종구** : 종의 터진 입구 부분을 말한다. 일본 종에 비해 우리나라 종은 입구의 두께가 얇게 주조된 것을 볼 수 있으며, 통일신라 종의 종구는 안쪽을 만져보면 안으로 오므라들게 처리되었다. 종의 공명共鳴이 쉽게 빠져나가지 못하도록 배려한 의도적인 구성으로 추측된다.

정성과 염원의 표현, 범종의 장식

범종의 존재 가치는 당연히 그 소리에 있다. 그렇지만 범종은 부처님의 공덕을 기리고 불국토를 장엄莊嚴하는 의기儀器의 하나이기도 한 만큼, 외형을 아름답게 꾸미는 것 또한 중요한 일이다. 불자들은 장식성과 상징성을 동시에 갖춘 문양을 범종 표면에 새겨 종의 신성과 위의를 강조하며 그 문양의 내용처럼 불국토가 눈앞에 전개되기를 기원했고, 웅장한 소리가 두려움과 환란을 잠재워주기를 염원했다. 종에서 볼 수 있는 종뉴와 당좌, 연뢰蓮蕾(연봉)와 연곽蓮廓, 비천과 불·보살상, 범자 등 모든 장식 요소들과 명문 등이 바로 그러한 정성과 염원의 표현들이다.

종 뉴

현존하는 범종 유물 중에서 가장 오래된 것으로 서기 700년대 통일신라 때 만들어진 '상원사 범종'과 '성덕대왕 신종'을 꼽을 수 있다. 이들 종은 서양은 말할 것도 없고 중국이나 일본의 종과도 다른 독특한 형태와 구조를 가지고 있다. 가장 큰 차이는 종뉴鐘鈕와 용통甬筒부분이다. 중국이나 일본 종의 경우 종뉴가 두 마리 용으로 된 대칭 구조를 이루고 있는 것과 달리, 한국 종의 종뉴는 한 마리 용으로만 되어 있다. 또한 용과 일체를 이루고 있는 용통은 한국 종의 특징을 가장 잘 보여준다. 이런 독특한 구조와 의장 때문에 우리나라 종은 'Korean Bell'이라는 학명을 얻게 되었다.

상원사 범종 용뉴(위)와 성덕대왕 신종 용뉴(아래)

한국 종의 특징적 요소 중 하나인 용통에 대해서는 크게 두 가지 해석이 있다. 하나는 종소리를 맑고 크게 한다는 '음통音筒 기능설'이고, 다른 하나는 그런 기능과 관련이 없다는 '상징 조형물설'이다. 용통을 통과해서 나오는 음파는 아주 작고 미미해서 전체 종소리에 거의 영향을 미치지 못한다는 정밀 음파 측정 결과가 나온 뒤로 음통 기능설은 점차 설득력을 잃어가고 있다. 또한 고려시대 제작된 종에 당초부터 구멍 없는 용통이 장식되어 있는 사실도 음통 기능설을 반박하는 자료가 되고 있다.

평창 상원사 범종 용통
통일신라시대부터 등장하는 용통은 중국이나 일본 종에는 없는 우리나라 종만의 특징이다.

그렇다면 용통이란 무엇인가? 정체를 밝히기에 앞서 우리가 주목해야 할 것은, 용통이 통일신라시대부터 종에 느닷없이 등장한다는 사실이다. 비슷한 시기에 제작된 중국이나 일본의 종이 아무런 변화의 조짐 없이 종전의 형태를 유지하고 있는 것과 비교하면, 실로 획기적인 일이다. 그렇다면 통일신라시대 한국 종에 갑자기 용통이 나타나게 된 이유는 무엇일까?

당唐나라와의 전쟁을 승리로 이끌고 삼국 통일의 위업을 달성한 문무왕은 죽어서도 나라를 수호하는 동해의 용이 되겠다며 화장된 후 해중 왕릉인 대왕암에 묻혔다. 그의 뒤를 이은 신문왕은 아버지를 기리기 위해 문무왕 사후 10개월 후인 682년 5월에 감은사를 완공한다. 그런데 바로 그날 큰 사건이 일어난다. 대나무가 자라고 있는 동해의 작은 섬 하나가 감은사를 향해 다가와 밤낮으로 붙었다 떨어졌다를 반복했고, 이레 동안 비바람이 몰아쳤다.

왕이 이상히 여겨 그 섬으로 가니, 용이 소리로써 세상을 다스리라는 문무왕의 신탁과 함께 대나무를 전해주었다. 용의 말대로 대나무로 피리를 만들어 부니 외국의 군병이 물러가고 병이 나았으며, 가뭄에 비가 오고 장마가 개는가 하면 바람은 진정되고 물결도 잔잔해졌다. 이것이 그 유명한 만파식적 설화의 기본 줄거리이다.

만파식적의 일이 있은 후 통일신라시대 종의 종뉴 양식이 달라졌다. 대나무를 닮은 용통이 등장하고, 지금까지 쌍룡이었던 종뉴가 단룡單龍으로 바뀐 것이다. 통일신라시대에 이와 같은 단룡의 종뉴와 대나무 형태의 용통이 등장하게 된 비밀은, 바로 용이 대나무를 지고 거친 바다를 헤치며 오는 박진감 넘치는 모습에 감추어져 있었던 것이다.

일본 후쿠오카 시립박물관에 소장된 고려 종의 천판天板 위에 일렁이는 파도가 용 주변에 조식되어 있는 모습을 볼 수 있다. 통일신라시대 종의 용뉴와 죽절형竹節形 용통이 동해 용과 만파식적을 상징한다고 하는 학설을 강력히 뒷받침해주는 증거가 바로 이 파도 장식 문양이다.

앞서 살펴본 대로, 통일신라시대 범종의 단룡 용뉴와 죽절형 용통이 만파식적 설화와 관련 있다는 학설은 설득력이 있어 보인다. 다시 말해, 종뉴 기능을 하는 용이 만파식적을 만들게 한 동해의 용일 가능성이 충분하다고 보는 것이다. 그런데 신라 경덕왕이 당나라 대종代宗에게 선물한 '만불산'에 대해 기록한『삼국유사』권3 〈사불산四佛山 굴불산掘佛山 만불산萬佛山〉 조에는 이와는 좀 다른 내용이 보인다. 내용을 소개하면 "앞에는 천여 비구상이 둘러서 있고, 아래에 자금종 셋이 배열되어 있는데, 모두 종각과 포뢰가 있고 고래 모양으로 종 치는 방망이를 만들었다 前有旋遶比丘像千餘軀 下列紫金鐘三簴 皆有閣 有蒲牢 鯨魚爲撞"라고 되어 있다. 여기서 종뉴의 용을 '포뢰'로 불렀음을 확인할 수 있다.

포뢰는 '용생구자설龍生九子說'에 나오는 아홉 용 가운데 하나이다. 전설에 의하면, 바닷가에 사는 포뢰는 고래를 제일 무서워하여 고래가 갑자기 습격하면 크게 놀라 소리 지르기를 그치지 않는다고 한다. 그래서 사람들은 포뢰 형상을 만들어 종에 앉히고 고래 모양의 당목으로 쳐 포뢰를 놀라게 하면 종소리가 크고 웅장해질 것이라 생각했다. 말하자면 종소리가 크고 웅장해지기를 바라는 불자들의 욕구가 종 위에 포뢰를 앉힌 것이다.

종과 포뢰에 관한 이야기는 여러 시문에도 나타난다. 다산 정약용丁若鏞(1762~1836)은 〈병종病鐘〉이라는 시에서 "용 모양 꼭지에 비늘이 섬세하고 두둑한 뺨도 쳐줄 만큼 선명하여 넉넉히 포뢰처럼 울어댄다 螭鈕細刻鱗 之而粲可數 庶作蒲牢吼"며 종뉴의 용을 포뢰에 비유했다.

한편 강희맹은 〈연사모종〉에서 "고래(범종) 소리 홀연히 산 모

예산 수덕사 범종 당목
수덕사 범종각에 걸려 있는 종을 치는 당목은 입을 크게 벌린 고래 모양을 하고 있다.

양 흔드니, 서른여섯 차례 그 종소리, 소리마다 티끌세상 슬퍼하네"라고 하였다. 이 시구에는 '포뢰'라는 말은 없지만, 종소리를 '고래 소리'로 표현한 것을 보면 당연히 포뢰를 염두에 둔 말로 볼 수 있다.

또한 이식李植(1584~1647)은 『택당집澤堂集』 속집에서 "높다란 종루에선 고래가 밥시간을 알려준다 樓高鯨喚粥"며 경당으로 쳐서 내는 소리를 경음鯨音, 즉 고래 소리에 비유했다. 종에서 포뢰 없는 고래는 의미 없는 것이므로 이 경우에도 포뢰를 유추해낼 수 있다.

비천상

범종에서 볼 수 있는 가장 아름답고 매력적인 의장은 비천상飛天像이다. '비천'은 불국의 하늘을 날며 악기를 연주하거나 꽃을 뿌려 부처님을 공양·찬탄하는 천인天人의 일종으로, 그 원형은 고대 인도 신화에 등장하는 건달바, 긴나라로 알려져 있다. 이들은 팔부중八部衆의 하나로 불교에 포섭되면서 부처님을 장엄하고 찬탄하는 천악신天樂神, 가악신歌樂神으로 자리 잡았다. 원래는 사람인지 짐승인지 새인지 알 수 없는 괴이한 존재였으나, 중국에 불교와 함께 전래되어 도교의 천선天仙과 습합習合됨으로써 선녀와 같은 아름다운 모습으로 변했다.

비천상은 주로 신라시대의 종에 장엄되어 있다.

역사적으로 비천상은 4세기경 고구려에 전래되어 고분벽화에 나타나기 시작하였고, 불교가 융성했던 통일신라와 고려시대를 거치면서 범종 장식 문양의 대표가 되었다. 비천은 범종뿐만 아니라 법당 천장이나 닫집, 부도 또는 불전 의기 등 광범위한 영역에 걸쳐 시문施紋되었다. 그만큼 상징적 의미가 크고 장식미가 뛰어나기 때문이다. 특히 성덕대왕 신종과 상원사 범종 등 통일신라시대에 조성된 범종의 비천상은 우리나라뿐만 아니라 세계에서 으뜸가는 불교 장식 미술로 꼽힌다.

불교 발상지인 인도에서 '데바(deva)'는 천계의 신을 의미한다. 즉 인간계를 초월한 세계에서 사는 초월적 존재를 말하는 것이다. 그런데 중국에서는 데바를 '천인'의 개념으로 해석했다. 도교의 초월

남원 실상사 범종 주악
비천상
생황과 피리를 부는 비천의
풍만한 모습은 신라 불상의
양식을 그대로 반영하고 있다.

적 존재인 지인至人, 신인神人 등과 비슷한 존재로 보았기 때문이다. 둔황 막고굴(천불동)의 비천상을 보면 온몸을 휘감은 천의天衣가 바람에 나부끼고, 팔다리 사이에서 박대博帶라고 하는 넓고 긴 띠가 부드러운 곡선을 그리며 위쪽으로 휘날리는 모습을 하고 있다. 이것이 중국식으로 표현된 천신의 일반적인 모습이다.

  비천은 하늘을 나는 존재라는 점에서는 서양의 천사와 다르지 않다. 그런데 천사는 날개의 힘으로 날지만, 비천은 그런 보조 장치 없이도 난다. 사물 자체의 속성을 중요시하는 서양인들은 어떤 현상의 원인이 사물 자체에 존재한다고 믿는다. 따라서 천사가 하늘을 날기 위해서는 반드시 날개와 같은 어떤 장치가 필요하다고 생각하며,

상원사 범종 주악비천상
하늘을 날며 주악을 연주해 공양하는 모습과 얼굴에 나타나는 표정이 세심하게 묘사되어 있다.

그런 장치가 없으면 아무리 천사라 해도 추락하고 만다고 믿는다. 기독교 성화聖畵 속의 천사들이 모두 등 뒤에 날개를 달고 있는 모습으로 그려진 것은 바로 그런 관념의 소산이다.

 이런 서양인과 달리 동양인들은 어떤 현상이 일어나는 이유를 사물 자체가 아니라 사물을 둘러싼 상황에서 찾는다. 그들은 비천이 날개로 허공을 나는 것이 아니라 상승 기류로 난다고 생각한다. 따라서 비천이 입거나 걸친 천의와 띠가 천사의 날개처럼 비행을 도와주는 장치라고 생각하는 사람은 없다. 그것은 다만 비천이 상승 기류를 타고 가벼운 신체의 율동과 일체를 이루며 지금 허공을 날고 있음을 상징적으로 보여주는 것이라 생각한다.

비천상은 주악비천상奏樂飛天像, 공양비천상供養飛天像, 산화비천상散花飛天像 등의 몇 가지 도상으로 분류된다. 먼저, '주악비천상'은 각종 악기를 연수하며 하늘을 나는 비천의 형상을 묘사한 것이다. 이 비천상의 모습은 "한량없는 천인들이 풍악을 잡히고 있었다", "하늘을 나를 듯한 풍악을 울리며 방울과 종을 치고 노래한다", "상인간에게 제일가는 풍악을 잡고 한량없는 불법으로 교화하는 곡조를 탄다" 등 부처님을 찬탄하는 장면을 묘사한 불경의 내용을 연상시키기에 충분하다.

불교에서는 원칙적으로 가무·기악을 금하고 있다. 자비심을 기르고, 위로는 성불의 원을 세우며, 중생 교화를 위하여 심신을 닦고 있는데 만약 가무·기악에 빠지면 마음이 산란하여 올바른 수행에 방해가 되기 때문이다. 그런데 수계受戒와 안거安居에 대한 주요 내용을 기록한 『근본설일체유부비나야잡사根本說一切有部毘奈耶雜事』에서는 음악 연주에 관해 이렇게 설명하고 있다.

"부처님께서 말씀하시기를, '노래 부르는 것은 옳지 않다. 그러나 두 가지 일에는 노랫소리를 낼 수 있으니, 하나는 대덕大德의 덕을 찬탄하는 소리요, 또 하나는 삼계경三啓經을 읊조리는 소리이다. 그 나머지에 대해서는 모두 해서는 안 된다.'"

가무나 기악 연주는 불佛·법法·승僧 삼보三寶를 위한 것이어야 하며, 또 그것은 찬탄과 공양의 의미를 가질 때에만 가치가 있음을 말한 것이다. 주악비천상의 가장 중요한 상징적 의미가 바로 여기에 있는 셈이다. 주악비천상의 대표적 유례로는 상원사 범종과 청주박물관이 소장하고 있는 청주 운천동 출토 범종 등이 있다.

'공양비천상'은 불·보살에게 의복, 음식, 꽃, 영락瓔珞으로 공양하는 형상이다. "모든 하늘이 다 와서 하늘 꽃과 하늘 향을 부처님 몸에 공양하였으니 이 꽃이 바로 그것"이라고 한 것이나, "이름난 향과 좋은 꽃을 가지고 다 부처님께 가서 공양하고 모든 하늘은 12부의 음악을 연주한다"고 한 경의 내용과 관련이 있다. 대표적으로 성덕대왕 신종의 비천상이 있다. 경우에 따라서는 국립중앙박물관에 소장되어 있는 '청령 4년명 청동 범종'처럼 공양물 없이 두 손을 나란히 모아 공손하게 합장한 자세를 취하기도 한다.

'산화비천상'은 말 그대로 천인이 하늘에서 꽃을 흩뿌리는 형상을 취한 비천상이다. 꽃을 뿌리는 것은 부처님에 대한 찬탄과 환희심의 표현이다. "석가모니 부처님의 주위를 백천 겹으로 에워싸고 백천만 갖가지 색깔의 꽃을 가지고 있었는데, 모두들 기쁜 마음이 생겨 기뻐 뛰면서 즐겁게 부처님 위에 그 꽃을 뿌리니 뿌려진 모든 꽃들이 삼천대천세계에 가득했다"라는 『불설광박엄정불퇴전륜경佛說廣博嚴淨不退轉輪經』의 내용이 '산화'의 의미를 잘 말해준다.

장식 조형으로서의 비천상은 그냥 눈에 보이는 것 외에는 아무 움직임도 없고, 직접 감성을 자극하는 생명력도 없어 보인다. 그로부터 아름다운 음악이 퍼져 나오는 것도 아니고, 실제로 비천이 천의를 휘날리며 허공을 나는 것도 아니다. 그러나 조용히 관조하는 사

수원 용주사 범종 공양
비천상
두 손을 나란히 모아 공손
하게 합장한 자세를 취하고
있다.

수원 용주사 범종 산화
비천상
꽃을 뿌리는 것은 부처님에
대한 찬탄과 환희심의 표현
이다.

 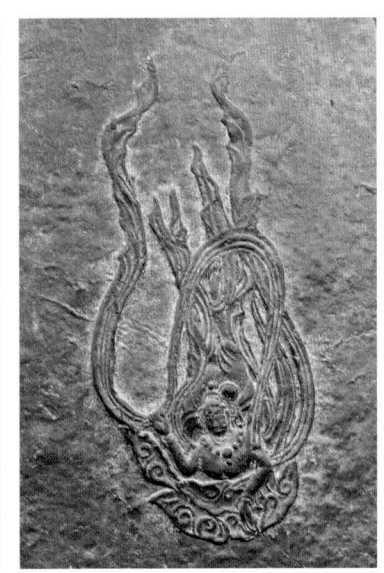

람에게 비천상은 단순한 장식물이 아닌 그 이상의 의미로 다가온다. 불심이 돈독하고 비천의 의미를 잘 아는 사람은 비천과 함께 자유와 환희심을 공유하면서 미묘한 천상의 소리를 들을 것이며, 이들이 장엄하는 불국 정토의 정경을 마음속에 그려낼 수 있을 것이다.

불 · 보 살 상

범종에 새겨진 불·보살상이 장식 효과를 주는 것은 사실이지만, 시문의 주된 목적은 장식성 추구보다는 오히려 종교적 염원을 표현하는 데 무게가 실려 있다. 보살상의 경우 가슴 앞에 두 손을 모은 공양 좌상을 취한 것이 많고, 불보살상의 경우에는 대개 삼신불 형식을 취하고 있다. 갑사 범종에서 보듯이 지장보살 입상을 새겨놓은 경우도 있다.

범종의 '범梵'은 만유의 근원을 의미하며, 범종 소리는 미묘한 불·보살의 음성에 비유된다. "모든 보살들이 서로 말할 때에는 항상 경經과 도道를 말하고, 그 밖의 나쁜 것은 말하지 않는다. 그 말소리는 곧 삼백의 종소리와 같다"라고 『법원주림法苑珠林』제99권〈잡요〉편에서 말하고 있다. 불·보살상을 범종에 새기는 뜻은 불·보살의 음성과 공덕을 범종 소리에 실어 울림으로써 불국의 상징 세계를 차안此岸에 펼치고자 함이다.

고려 종의 공양보살상
꼬리가 긴 구름 위의 연꽃에 무릎을 꿇고 앉아 합장 공양하는 모습이다.

사찰 밖에서도 오래전부터 명문이나 특정 문양을 종에 새겨 타종하는 전통이 있었다. 옛날에는 임금의 공덕을 기리기 위해 공덕 내용을 종에 새겨 아침저녁으로 울림으로써 백성들로 하여금 왕의 은덕으로 태평성대를 누리는 것을 실감케 했다. 그런가 하면 국가와 사회에 큰 공로를 세운 자가 있을 때에는 그 공적을 종이나 솥[鼎]에 새겨 후세 사람들의 귀감이 되도록 했다. 범종에 불·보살상을 새기는 것도 불보상의 미묘한 음성과 공덕을 종소리에 실어 그의 공덕으로 일체 중생들이 해탈의 경지로 나아갈 수 있게 되기를 바라는 마음의 발로라 할 수 있다.

범자 장식과 진언

범자란 범어 문자를 말하고, 범어는 인도유럽어족의 고대어에 속하는 산스크리트(Sanskrit)를 가리킨다. 이것을 한자 문화권인 중국에서는 '범어'로 번역했다. 산스크리트를 '범어'로 번역한 것은 인도 종교에서 가장 중요한 의미를 갖는 궁극적 원리로서의 '브라만(Brahman)'을 '범천梵天'으로 번역한 것과 같은 맥락이다. 범어란 결국 '범천의 언어'라는 의미가 되는 것이다.

'실담悉曇 문자'라는 것이 있다. 인도 문자 역사에서 굽타 문자에 이어 등장한 것으로, '싯다마트리카(Siddhāmatrikha) 문자'를 가리킨다. 싯다마트리카란 '완성된 문자'라는 의미로, 여기서 파생된 'Siddham'을 '실담'으로 음역한 것이다. 이 실담 문자는 불교 경전을 통해 중국에 전래되어 동아시아에서 인도의 범자를 지칭하는 대표적인 용어로 사용되었다.

실담 문자는 특히 밀교의 성립과 함께 단순한 문자의 의미를 넘어 심오한 사상적 전개를 이루었다. 밀교의 독특한 존상尊像과 같은 개념을 나타내거나, 나아가 그 수행의 대상으로 간주되기도 한 것이다. 따라서 실담 문자에 대한 이해는 밀교를 배우는 사람에게 필수적인 요소가 된다.

범종에 새겨진 실담 문자는 밀교의 진언眞言 수행과 깊이 관련되어 있다. 진언이란 범어 '만트라(Mantra)'를 의역한 것으로, '진실된 말'이란 뜻이다. 어떤 행위의 결과로 나타나는 것이 업業이고, 입으로 짓는 업이 구업口業이다. 반대로 선악을 떠난 '진리의 언어'가 진언이다. 또한 진언은 비밀스러운 주문이라는 의미의 밀주密呪로 풀이되기도 하고, 깨달음의 심경과 팔만사천 경전의 의미가 응축되어 있다 해서 총지總持라 하기도 한다.

밀교의 근본 경전인 『대비로자나성불신변가지경大毘盧遮那成佛神變加持經』(약칭 『대일경』)에서는 진언이란 무량의 공덕 지혜와 더불어 모든 행을 수습하는 무량의 지혜 방편을 모두 성취한다 했고, 또 "소리는 자字에서 나오고 자字는 진언을 출생하며 진언은 과果를 이룬다"라고 하였다. 따라서 진언은 모든 악마 무리를 조복調伏시키는 현세 이익과 최상법의 관조를 통해 정등각正等覺을 얻는, 구복과 수행의 두 가지 목적을 동시에 충족시켜주는 주문이라 할 수 있다.

진언에서 '옴(Om)'과 '스바하(Svaha)'는 매우 중요한 의미를 가진다. 옴은 '신성한 뜻을 간직한 소리[音]'라 하여 인도에서는 모든 종교 의식에서 반드시 염송하며, 귀명歸命·공양供養·경각警覺·섭복攝伏·삼신三身의 다섯 가지 공덕을 가지고 있다. 그리고 '스바하'는 '원만 성취'의 뜻을 가지고 있다. 『천수경』이나 밀교 경전에 나오는 진언은 대부분 '옴'으로 시작해서 '스바하'로 끝난다. 이것은 내가 '이제 부처님의 성스러운 말씀을 독송하고 부처님께 귀의하고 공양하오니, 소원하는 바가 모두 이루어지기를 빕니다'라는 뜻을 가지고 있다. 그러므로 범종에 새겨진 범자는 신심을 바탕으로 깊은 종교적 열정을 드러낸 장엄물이라 말할 수 있는 것이다.

사천 다솔사 범종 '옴' 자
신성한 뜻을 간직한 소리라는 의미의 옴자가 상대에 장식되어 있다.

● 옴자

밀교에서 진언은 곧 진여법성眞如法性이요, 부처 그 자체를 의미한다. 진언의 내밀한 경지는 글이나 말로써 표현할 수 없는 형이상적인 것이기 때문에 그 표현은 상징적 수법을 통해서만 가능하다. 범종에 새겨진 범자가 바로 그 상징으로, 일반 문자보다 더 깊고 오묘한 내용을 함축하고 있다. 범종에 새겨진 실담 문자 중 가장 흔하면서도 가장 중요한 상징적 의미를 가지고 있는 것이 '옴' 자이다.

 '옴'은 입 안쪽에서 아(ahh)로 시작하여 그다음에 우(oo), 그리고 음(mm)으로 입을 닫을 때 나는 소리가 합성된 것이다. 인도 철학과 종교에서 '옴'은 태초의 근원적인 소리이자, 모든 소리와 생각을

서울 학림사 범종 보살상과 옴자

옴자
'옴'은 태초의 근원적인 소리이자 모든 소리와 생각을 포괄하는 소리다.

포괄하는 소리로 통한다. 따라서 옴 소리를 완전한 몰입 상태에서 제대로 발음하면 각종 기적을 맞이할 수 있고, 심지어 해탈까지 가능히디고 믿는다.

불교에서도 대승경전의 처음에 '옴' 자를 놓는 형식을 채택하여 『수호국계다라니경守護國界陀羅尼經』 같은 경전에서는 '옴'은 부처의 법신法身·보신報身·화신化身의 '삼신'을 나타내는 것이라 했으며, '옴' 자를 관觀하는 것을 권하고 그 공덕으로 깨달음의 경지에 이를 수 있다고 하였다. 밀교에서는 명상하면서 '옴' 소리를 내면 영원한 안정과 평안함을 얻을 수 있고, 모든 행동을 성공으로 이끌 수 있으며, 성불의 경지에 들어갈 수 있다고 믿는다.

● 육자대명왕진언

'옴'과 더불어 범종에 흔히 나타나는 것이 '옴마니반메훔', 즉 관세음보살 본심미묘육자대명왕진언本心微妙六字大明王眞言이다. 현교에서는 '관세음보살' 명호를 부르지만 밀교에서는 명호와 진언을 구별하여 반드시 진언을 쓰며, 육자진언을 염송하면 사람의 내면적 에너지가 활성화되어 우주 에너지와 통합할 수 있게 된다고 믿는다.

진언은 그 자체가 진리이고, 진리는 곧 불법이므로 인간의 낮은 근기로 해석하려 들지 말라고 경은 가르친다. 하지만 우리 같은 중생은 궁금증을 풀어야 한다. '옴'은 앞서 말한 대로 태초 이전부터 있어온 우주의 소리로서 위없는 진리를 상징한다. '마니(Mani)'는

남양주 봉선사 범종
육자대명왕진언 탑본
개별적 존재와 우주의 소리를 통합해주는 진언이다. 오른쪽부터 옴마니반메훔으로 읽는다.

여의주가 밝고 깨끗한 것처럼 청정한 지혜를 의미하고, '반메(Padme)'는 연꽃으로서 무량한 자비를 상징한다. 마지막으로 '훔(Hum)'은 우주의 개별적 존재 속에 담긴 소리를 뜻하며, 우주 소리를 통합하는 기능을 가진다.

육자대명왕진언의 소의경전인 『대승장엄보왕경大乘莊嚴寶王經』에서는 이 진언을 지송持誦하면 그 공덕이 무량하여 모든 호법선신들이 호위하고, 청정 지혜와 대자비를 얻으며, 명을 마칠 때 반드시 12여래가 와서 극락으로 인도한다고 설한다. 불자들은 그렇게 되기를 바라는 마음에서 종에다 이 진언을 새기고 또 새기는 것이다.

육자진언 장엄의 예를 보물 397호 남양주 봉선사 범종, 보물 478호 공주 갑사 범종을 비롯하여 고성 옥천사 범종, 파주 보광사 숭정 7년명 범종, 통영 안정사 범종, 국립춘천박물관에 소장된 유점사 범종, 서울 백련사 범종, 사천 다솔사 범종 등 수많은 조선 종에서 찾아볼 수 있다. 예를 들어 봉선사 범종의 경우를 보면 연곽 아래 오른쪽에서부터 '옴마니반메훔' 여섯 글자가, 유곽乳廓 위쪽 좌우에 각각 '옴' 자가 한 자씩 새겨져 있다. 보광사 범종은 종의 배 부분 보살입상을 중심으로 육자대명왕진언이 새겨져 있는데, 보살상의 오른쪽에 세 글자, 왼쪽에 두 글자가 시문되어 있다. 오른쪽 중앙에 '옴' 자가 있는 것으로 봐서 중심에서부터 진언이 시작되는 방식을 취했

파주 보광사 범종 육자대명왕 진언
보살상 좌우로 육자대명왕 진언이 새겨져 있다.

음을 알 수 있다. 이 밖에 안정사 종과 옥천사 종에도 이 진언이 새겨져 있다.

형이상적인 것은 시각이나 청각으로도 감지할 수 없고, 다른 어떤 방법으로도 표현하기 어렵다. 이때 필요한 것이 상징 수법이다. 진언은 상징 언어이고, 범종의 범자는 그 상징 언어를 시각적으로 표현한 것이다. 결국 범종에 새겨진 범자는 존형尊形이나 갖가지 지물持物, 인계印契 등의 삼매야형三昧耶形으로 불·보살을 표현하는 대신, 실담이라는 상징 문자로써 불·보살의 경지를 표현한 것으로 볼 수 있다.

남양주 봉선사 범종 파지옥진언 명문 탑본
파지옥진언을 외우며 종을 치면 악도에 떨어지지 않는다고 믿는다.

● 파지옥진언

육자대명왕진언 다음으로 범종에 많이 나타나고 있는 것이 파지옥진언破地獄眞言이다. 이것은 '옴가라지야사바하'를 말하는 것으로, 범종을 비롯해 북이나 요령과 같은 소리 내는 용구에 많이 시문된다. 종에 새겨진 파지옥진언을 외우면서 그 종을 치면 그 영험으로 지금까지의 업보가 소멸되어 악도惡道에 떨어지지 않는다고 불자들은 믿는다.

보광사 범종의 파지옥진언은 보살상 오른쪽에만 세 글자를 새겨놓았는데, '옴가라지야사바하' 중에서 '옴' 자와 '가' 자가 확인된다.

길상문과 기타 장식

범종을 신령스러운 의기로 만들려는 불자들의 의지는 갖가지 길상 문양에 나타난다. 장식 문양 중에서 많이 볼 수 있는 것이 용, 팔길상八吉祥 또는 팔보八寶이다. 불가에서 팔길상 또는 팔보라 일컫는 것은 사리가 담긴 보병(사리병), 법라法螺, 햇빛 가리개인 일산日傘, 차양, 연꽃, 물고기, 매듭, 법륜法輪을 말한다. 이 밖에 길상 문양으로 '만卍'자가 있다. 팔길상은 여러 가지가 전승되고 있지만, 일반적으로 산개傘蓋를 비롯해 거울, 보좌寶座, 그림이 그려진 병, 물이 가득한 물병, 쌍어雙魚 등을 말한다.

**공주 갑사 범종 하대
연화당초 문양**
상대와 하대 등에 장식되는
이 문양은 의장적인 효과를
극대화한다.

卍은 범어로 '스바스티카(Svastika)'라 하며, 원래는 글자가 아니고 상相이요, 상징형이다. 스바스티카는 빛과 침투, 그리고 생동을 대표하는 태양의 상징이다. 힌두교에서는 비슈누 신의 가슴에 있는 선모旋毛에서 발하는 서광에 그 기원을 두고 있으며, 불교에서는 석가모니 부처님의 가슴과 발 등에 나타난 것을 '상서로운 상'으로 여겨 길상의 상징으로 삼음과 동시에 불심인佛心印으로 사용하였다.

『화엄경華嚴經』 48권에는 "여래의 가슴에 상相이 있다. 이 형상은 卍자와 같다. 이를 길상해운吉祥海雲이라 한다"라고 하였다. 또 『화엄경』 〈이세간품離世間品〉에는 "卍자의 상은 금강견고의 빼어난 갈무리처로서 마음을 장엄했다. 일체의 모든 마구니가 온다 할지라도 털끝만큼도 건드릴 수 없다"고 하였다.

연뢰와 연곽

우리나라 범종은 상대와 하대가 뚜렷하고, 그 속에 아름답고 화려한 장식 문양이 새겨진 것으로 유명하다. 이 띠의 기능과 성격에 대해서는 몇 가지 설이 있는데, 북의 테에서 기원했다는 설, 종의 하부를 보호하는 테두리라는 설, 종의 상하부를 두툼히 해서 웅장한 울림이 나도록 하기 위한 도구라는 설 등이 있다. 상대와 하대의 의장적 효과를 극대화하고 있는 것이 권초문卷草紋[당초문]과 연꽃 문양 장식이다.

또한 우리나라 범종에서 용뉴나 비천 못지않게 중요한 의장 요소가 되어 있는 것이 연곽蓮廓과 연뢰蓮蕾이다. 연곽은 상대 밑쪽에 돌아가며 시문된 네모나 마름모 형태의 띠를, 연뢰는 연곽 속에 들어 있는 연꽃 봉오리 모양을 말한다. 이것을 유곽 또는 유두乳頭로 부르는 사람들도 있으나, 실제 모양을 보면 젖꼭지라기보다는 오히려 연꽃 봉오리에 가까우므로 연곽, 연뢰라고 하는 게 옳을 것이다.

4개의 연곽이 종을 돌아가며 구획되어 있고, 각 연곽마다 9개씩, 모두 36개의 연뢰가 들어 있다. 여기서 우리가 주목해야 할 것은 4, 9, 36이라는 수이다. 이것은 셈할 때 쓰는 1, 2, 3 등의 수처럼 개체의 단위를 나타내는 수가 아니라, 물질이나 현상으로 존재하기 이전의 어떤 이치나 이미지를 나타내는 상수象數이다. 『주역』에서 모든 전체를 아우르는 태극을 1로, 여기서 분화된 음양을 2로 나타내는 것이 상수의 좋은 예가 된다.

먼저 9라는 상수에 대해 말해보자. 『주역』에서는 괘를 구성하는

부안 내소사 범종 연뢰

양효陽爻를 구九, 음효陰爻를 육六으로 표현하고 있다. 그렇게 한 것은 양의 수 1, 3, 5를 더한 것이 9이고, 음의 수 2, 4를 더한 것이 6이기 때문이다. 양수는 하늘을, 음수는 땅을 상징한다고 해서 1, 3, 5의 3개 양수를 천수天數라 하고 2, 4의 2개 음수를 지수地數라 한다. 따라서 연곽 안의 9개 연뢰가 가진 9라는 상수는 곧 하늘을 상징한다고 볼 수 있다.

전체 연뢰의 수, 즉 36이라는 상수에 대해 살펴보자. 태극에서 음양이 생기고, 음양에서 사상四象이 생기며, 여기서 팔괘가 파생되어 나온다. 팔괘는 둘씩 상하로 어울려 64개의 괘를 탄생시킨다. 이것이 『주역』에서 설명하는 우주의 이치이다. 그런데 64괘 중에는 거꾸로 놓아도 모양이 바뀌지 않는 이른바 부도전괘不倒轉卦가 8개 포함되어 있다. 64에서 이 부도전괘의 수를 빼면 56이 남는다. 그런데 이 56개 괘 중 절반에 해당하는 28종의 괘는 상하 반전을 통해 하나씩 더 만들어진 것이기 때문에, 실제 기본 단위가 되는 것은 36개(8+28=36)이다. 따라서 범종에 장식된 36개의 연뢰는 역易의 원리, 즉 우주의 이치를 함축하고 있다고 볼 수 있다.

36의 수는 『석문의범』에서 말한 저녁 범종의 타종 횟수와도 같

'옴' 자와 연뢰
연곽 안의 연뢰의 수 9는 하늘을 상징한다.

다. 타종 횟수 36의 수는 앞서 '큰 울림, 타종 법식' 편에서 설명한 것처럼 하도상에서 서쪽에 배치된 4, 9의 수를 곱한 수에 근거를 두고 있다. 범종의 연곽과 연뢰에 적용된 '4×9=36'의 수가 타종 법식의 근거가 된 '4×9=36'이라는 상수와 일치하는 것은 결코 우연이 아니다.

우리의 오래된 범종

우리나라 범종의 전형 양식은 통일신라시대에 성립되었다. 대표적인 유물로는 725년(성덕왕 24)에 제작된 강원도 평창군 오대산의 '상원사 범종'과 771년(혜공왕 7)에 조성된 '성덕대왕 신종'이 있다.

상원사 범종

우리나라의 5대 범종이라고 하면 국립경주박물관의 성덕대왕 신종, 천흥사 범종, 개성 남대문의 연복사 범종, 서울 종로의 보신각종, 그리고 상원사 범종을 꼽는다. 이 중에서도 국보 36호 상원사 범종은 현존하는 우리나라 범종 가운데 가장 오래되었으며, 종소리는 물론 청동 합금 및 주조 기술 면에서도 최고 수준을 자랑한다. 기능적·기술적 측면뿐만 아니라 아름다운 곡선미와 다양한 문양 등에서도 한국 범종의 모범이 되고 있다.

현재의 상원사 범종이 그곳에 걸리게 된 것은 지금으로부터 540

상원사 범종

상원사 범종 비천상과 탑본

천의 자락이 가볍고도 유려하게 휘날리는 모습을 아름답게 묘사했다.

 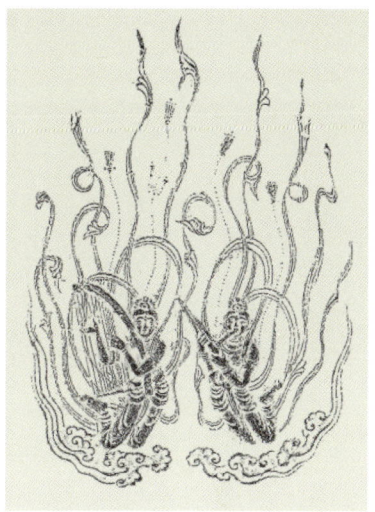

여 년 전인 1469년의 일이다. 『조선왕조실록』을 보면 예종 때 학열 등의 승려들이 선례가 있음을 빙자하여 역마驛馬를 빌려 타고 다니는 일이 있었다. 그런데 길을 잘못 들기도 하고, 절에 머물 때 그냥 두기도 하며, 역리驛吏로 하여금 지나는 역에서 먹여 기르게 하기도 하고, 더러는 7~8일에 이르러 사람과 말이 피곤하고 역로驛路가 원활치 못한 일이 생기기도 하였다. 이러한 문제점을 시정할 목적으로, 길에 익숙하지 못한 사람들에게는 비록 승려일지라도 역마를 사용하지 못하게 해달라는 청을 역리가 왕에게 올렸다. 이에 왕이 환관을 낙산사에 보내어 승려 학열에게 자초지종을 물으니 학열이 다음과 같이 아뢰었다. "신이 내려올 때 낙산사 감역승監役僧 양수, 의심, 숭덕 등이 신과 함께 포마를 타고 상원사에 이르러 수륙재를 베풀었고, 뒤에 낙산사에 이르러 신이 숭덕 등으로 하여금 안동 관官의 종을 운반케 하였는데, 숭덕 등이 원주 신림역을 떠나 제천을 경유하여 바로 안동에 도달하였으니 이는 길을 잘못 간 것이 아닙니다."

이 내용 중에 '안동 관의 종'을 운반했다는 대목이 눈길을 끄는데, 경북 안동 읍지인 『영가지永嘉誌』 6권에도 안동 누문의 옛 종을 상원사로 옮겼다는 기록이 있어, 당시 숭덕 등이 운반해갔던 종을 바로 지금 상원사 종각에 걸린 종으로 볼 수 있지 않을까 하는 것이다. 전해지는 말에 의하면, 종을 안동에서 상원사로 옮겨가기 위해 죽령을 넘을 때 종이 너무 무거워 어려움을 겪자 종유 하나를 떼어 안동으로 돌려보내니 쉽게 움직였다고 한다. 여기서 말하는 종유란 융기된 장식인 연뢰를 일컫는 것이다.

상원사 범종은 웅장하고 맑은 종소리와 아름다운 의장에서 현재 국내 최상으로 손꼽힌다. 앞서 말한 『영가지』에서도 "종의 성음聲音이 웅장하고 맑아 백 리 원문遠聞의 이름난 종"이라 했고, 또 미관에 대해서는 "종신이 단정·장중하고 조각 솜씨가 우미·아담함에 있어 유례를 찾아보기 어렵다"고 했다.

상원사 범종의 확실한 제작 연대는 종명鐘銘에서 밝혀진다. 종명은 종의 용뉴 좌우 천판에 음각되어 있는데, 명문에 새겨진 '개원開元 13년'은 725년(성덕왕 24)에 해당된다. 여기서 특기할 것은 대부분의 종명이 종신에 새겨지는 것과 달리, 상원사 범종에서는 종의 정수리 용두龍頭 좌우에 배치되어 있다는 점이다. 또 하나 이례적인 것은 이 종의 종명에는 제작에 참여한 승려와 감독자, 관직 등은 기록

상원사 범종 천판 명문
대부분의 명문이 종신에 새겨지는 것과 달리 천판에 새겨져 있다.

되어 있는 반면, 시주자는 명시되어 있지 않다는 점이다. 이는 주로 민간의 시주로 만들어지는 사찰의 종과 달리 국비로 만들어졌기 때문이 아닌가 생각된다.

명문 내용을 보면 "개원 13년 을축 3월 8일에 종이 완성되어 이를 기록한다 開元十三年 乙丑 三月 八日 鍾成記之"라는 구절을 시작으로, 종을 제조하는 데 들어간 놋쇠가 모두 3300정鋌이었음을 밝히고 제작에 참여한 사람들의 이름을 열거하고 있다.

상원사 범종을 보는 사람은 제일 먼저 용뉴를 구성하고 있는 위엄 있는 용두에 감탄한다. 용두는 몸체에 비해 현저하게 크고, 타종

상원사 범종 하대 비천상
각각 취악기, 피리, 장구, 비파 등 다양한 악기를 연주하고 있다.

에 놀란 듯한 큰 눈, 오뚝 솟은 귀와 날카로운 뿔, 천지를 명동鳴動케 할 것처럼 크게 벌린 입, 하늘을 나는 듯한 억세고 힘찬 발과 다리 등 모든 것이 약동하는 모습이다.

용뉴 옆에는 연꽃과 덩굴무늬로 장식된 용통이 있는데, 만파식적을 상징화한 것으로 알려져 있다. 용통 표면에 시문된 우아하고 정교한 보상화문(덩굴무늬)과 연꽃 문양은 신라 장인의 수준 높은 금속공예 기술을 유감없이 보여준다.

종신에는 당좌가 마련되어 있다. 신라시대 종의 당좌의 위치에 대한 일정한 법칙은 추정하기 곤란하지만, 고도의 기술과 경험을 통해 그 위치를 정했으리라 생각된다. 예로부터 당좌에는 연화 문양을 많이 썼는데, 상원사 범종의 당좌도 마찬가지이다.

상원사 범종을 더욱 유명하게 만든 것은 종의 배 앞뒤에 새겨진 정교하고 환상적인 비천상이다. 비천은 무릎을 세우고 허공에 뜬 채 수공후手箜篌와 생笙[생황]을 연주하고 있는데, 천의 자락이 상승 기류를 타고 위쪽으로 가볍고도 유려하게 휘날리는 모습은 실로 환상적이다. 두 비천을 떠받치고 있는 영지버섯 모양의 구름은 무중력 상태를 느끼게 하기에 충분하며, 천의의 띠 끝부분에 표현된 인동忍冬 문양은 비천의 장식 효과를 더욱 높이고 있다.

종신뿐만 아니라 종 위쪽 띠 안의 반달형 권역 속에도 피리와 쟁箏을 연주하는 작은 비천상이 촘촘히 새겨져 있다. 아래쪽 띠에도 비천상이 조각되어 있는데, 각각 취악기, 피리, 장구, 비파 등 다양한 악기를 연주하고 있다. 또한 유곽의 띠 아랫부분과 좌우에도 생과 요고腰鼓[장구]를 연주하는 비천상이 섬세하게 묘사되어 있다.

성덕대왕 신종

현재 국립경주박물관 종각에 있는 국보 29호 성덕대왕 신종은 웅장한 규모와 아름다운 장식, 장중한 종소리 등에서 단연 한국 최고의 종이며, 고대 동양 청동 문화의 정수라 해도 과언이 아니다. 신종은 또한 '일승의 원음'을 통해 진리를 깨치려는 신라인들의 지극한 불심이 만들어낸 종이라는 점에서 커다란 종교적 가치를 지닌다.

성덕대왕 신종

성덕대왕 신종 당좌와 탑본
종을 치는 부분의 당좌에 화려한 연꽃 장식이 되어 있다.

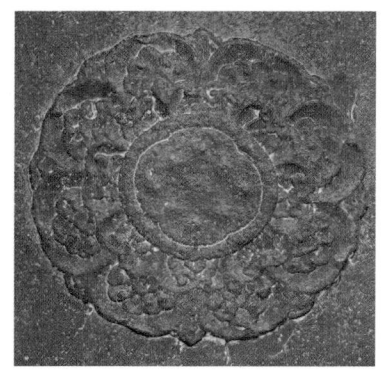
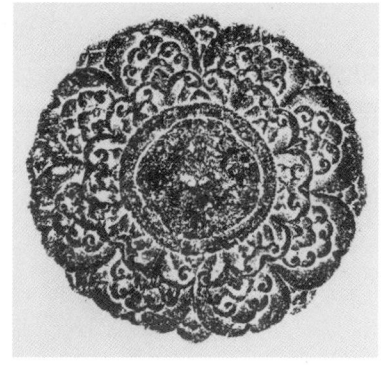

성덕대왕 신종은 신라 경덕왕이 부왕인 성덕왕의 공덕을 기리기 위해 만들려던 종이다. 그러나 경덕왕이 그 뜻을 이루지 못한 채 생을 마치고 그의 뒤를 이은 혜공왕이 771년에 완성했다. 구리 12만 근을 들여 높이 약 3.7미터, 지름 약 2.2미터의 웅장한 규모로 제작된 이 종은 처음에 봉덕사에 달았다고 해서 '봉덕사종'이라고도 하였다. 전하는 말로는 종을 달았던 봉덕사는 경주 북천 남쪽의 남천리南泉里 일대였다고 하나 정확한 위치는 밝혀져 있지 않다. 아기를 시주받아 넣었다는 전설에 따라 아기의 울음소리를 흉내 내어 '에밀레종'이라고도 하였지만 아기에 관한 이야기는 신빙성이 없는 것이다.

신라 전성기에 탄생하여 위용을 떨쳤던 성덕대왕 신종은 1200여 년의 세월 속에서 숱한 우여곡절을 겪었다. 신라의 불교가 전승된 고려시대에는 불교가 전 시대의 권위를 유지했으나, 배불숭유를 건국 이념으로 삼고 출발한 조선시대에 와서는 그렇지 못했다. 그런 상황에서 봉덕사가 치명적인 홍수 피해를 입어 가람 전체가 일시에 사라

성덕대왕 신종 바닥
소리의 울림을 풍부하게 해주며 여운이 길게 남도록 한다.

졌는데, 다행히도 신종만은 그 무게 때문에 떠내려가지 않고 남아 있었다. 1460년 세조 대에 와서 신종을 인근의 경주 성건리 영묘사靈妙寺로 옮겼으나, 얼마 안 되어 영묘사마저 화재를 입자 1501~1502년에 당시 부윤 예춘년芮椿年이 신종을 경주 읍성으로 옮겨 성문 종으로 사용했다. 그 후 일제강점기인 1915년 8월 경주고적보존회에 의해 옛 경주박물관으로 옮겨졌다가, 1975년 새 박물관 건물이 완공되자 현재의 위치로 이전되었다.

성덕대왕 신종의 가장 두드러진 특징 중 하나는 종 맨 위에 용통이 달려 있다는 점이다. 용통은 대나무 마디와 비슷한 몇 개의 단段

성덕대왕 신종 공양비천상
종뉴의 강건하고 힘찬 모습과 절묘하게 어울리는 아름다운 비천상이다.

으로 구획되고, 각 단마다 화려한 앙련과 복련으로 장식되어 있다. 이것은 『삼국유사』의 설화에 나오는 영험한 피리, 즉 만파식적을 상징화한 것으로 강력한 왕권을 상징한다. 만파식적이란 '모든 파도를 고요하게 잠재우는 피리'라는 뜻이다.

성덕대왕 신종의 비천상은 상원사 범종의 비천상과 함께 '신라의 미'를 대표한다. 비천상은 종뉴의 강건하고 힘찬 모습의 용과 함께 강유剛柔의 절묘한 조화와 균형을 이루면서 신종을 더욱 신비롭게 만들고 있다. 보상화가 구름같이 피어오르는 가운데 운상雲上의 연화좌 위에 무릎을 꿇고 앉아 옷자락과 영락을 바람에 휘날리며 공양하는 보살의 모습은 보는 이의 찬탄을 자아낸다. 그런데 신라시대 비천상의 주류인 악기를 연주하는 주악비천상이 아니라 공양비천상인 것은 이 종이 성덕대왕의 명복을 비는 종이라는 사실과 관련이 있다.

비천상 외에도 신종 표면에는 여러 가지 아름다운 장식이 새겨져 있다. 종 윗부분 굵은 띠 안에 가득 찬 보상화문은 화려함의 극치를 보여준다. 띠 가장자리에 처져 있는 두 개의 단선 안에는 구슬을

성덕대왕 신종 연곽 탑본
여덟 개의 꽃잎을 가진 연꽃
모양의 연뢰가 돋보인다.

꿰어놓은 모양의 연주문連珠紋이 정교하게 시문되어 있다. 아래쪽에는 다른 종에서는 보기 어려운 완만한 팔능형八稜形의 굵은 띠가 설정되어 있고, 그 속은 보상화문과 연꽃 문양으로 채워져 있다. 이 띠의 위아래에 역시 연주문 띠가 있으며, 그 내부 여덟 개의 능稜 부분 중앙에는 연꽃 문양이 각각 하나씩 새겨져 있다.

　종의 공예미를 더욱 고조시키는 것은 위쪽 띠에 가깝게 네 군데에 배치된 연곽이다. 연곽을 둘러싼 넓은 띠는 보상화문으로 가득 차 있으며, 띠 안쪽과 바깥쪽에는 연주문 띠가 돌려져 있다. 연곽 내부에는 여덟 개의 넓은 연꽃잎을 가진 팔엽복판八葉複瓣으로 된 아홉 개의 연뢰가 있고, 연꽃 중앙에는 여섯 과顆의 연꽃 씨앗이 선명하게

성덕대왕 신종 하대 탑본
다른 종에서는 보기 어려운 완만한 팔능형 굵은 띠에 보상화문과 연꽃 문양이 채워져 있다.

묘사되어 있다.

    종의 배 부분에는 이 종을 만든 취지와 목적을 밝힌 명문이 새겨져 있다. 이 종명에는 성덕대왕 신종에서 울려 퍼지는 범음을 통해 불법 진리를 깨달으려는 신라인들의 신심이 담겨 있다. 신라인들뿐만 아니라 이 신종을 보는 이는 누구나 그 신비하고 아름다운 예술적 표현에 감탄하며, 종소리를 듣는 사람은 누구나 그 은은하고 장중한 소리에 감동한다. 그래서 성덕대왕 신종은 단순한 불교의 예기가 아닌, 인류의 문화유산이라 해도 과언이 아닐 것이다.

천의의 울림, 법고

"제석천이 방편을 써서 법고를 두드리자
수많은 천자들이 모두 모였다."

천의天意의 울림,
법고

북은 고대 제천 의식의 중심에 있을 때부터 지상의 뜻을 하늘에 전하는 예기로, 하늘이 그 뜻을 땅에 전해주는 신기로 여겨졌다. 불교 경전에서도 스스로 울린다는 하늘 북[天鼓]에 대해 말하였고, 제석천이 천고를 울려 부처님을 공양하고 칭송했다는 말도 있다. 이것을 보면 북이 가진 불교적 의미가 남다름을 알 수 있다. 사찰에서 북을 특별히 '법고法鼓'라 부르고 있는 것도 전법傳法과 불법의 상징으로서 북의 중요성을 말해주는 것이다. 북이 전법 혹은 불법의 상징이라고 한다면 고성鼓聲은 범음에 비유될 수 있고, 법고를 치는 행위는 전법 의식과 같은 의미로 해석될 수 있다.

법고는 도량석이 진행되고 있는 동안에는 침묵을 지키고 있다가 도량석의 마지막 목탁 소리를 신호로 심장 박동 같은 생명의 소리를 쏟아내기 시작한다. 약하게 치면 작게 울어주고 세게 치면 크

수산리 고구려 고분 벽화
현재 북한의 남포직할시에 있는 이 벽화로 당시 사람들이 북을 신기神器로 생각했음을 알 수 있다.

게 울어주는 것이 마치 남이 묻는 말에 대답 잘해주는 현인賢人과 같다. 목어 치는 모습이 절도가 있고 운판 치는 모습이 단정하다면, 북 치는 모습에는 격정이 배어 있다. 완급과 강약을 절묘하게 구사하며 북을 치는 사승의 몸짓은 마치 몰아의 춤사위를 연상시킨다. 북채의 화려한 놀림에서 퍼져 나오는 원초적 울림은 산을 한 바퀴 돌아 만물을 깨우고 다시 법당으로 돌아와 수행자로 하여금 부처님께 귀의하게 한다.

예기, 신기로서의 북

지금으로부터 1600여 년 전인 고구려시대에 축성된 수산리 고분과 안악 3호분의 행렬도行列圖 속에서 북을 일산으로 씌우고 운반하는 흥미로운 장면이 눈에 띈다. 일산은 원래 신분이 높은 사람의 신성과 권위를 드러내기 위한 장엄 도구인 만큼, 일산으로 북을 씌운 모습은 당시 사람들이 북을 신기神器로 생각했음을 보여주는 것이다.

신기로서 북이 가진 기능과 성격은 고대 샤머니즘 속에서 잘 나타난다. 샤머니즘은 모든 자연물 속에 신과 정령이 있다는 믿음이 신앙과 종교 형태로 발전한 것이다. 샤머니즘의 주재자인 샤먼-무당은 초자연적 존재인 천신과 접속한 후 그의 영력을 빌려 병을 치료하고 인간의 복을 빌거나 미래를 예언한다. 이런 의식 때 샤먼이 반드시 갖추고 있었던 것이 북이었다. 북은 미지의 대상과 통신하는 수단이었고, 그 통신의 궁극적 목적은 신을 영접하는 것이었다. 북은 샤먼의 전유물이었고, 그래서 아무나 함부로 만지거나 칠 수 없는 신령스러운 존재로 여겨졌다.

고대 연맹 국가의 하나인 부여 사람들은 매년 12월에 올리는 제천 의식을 '영고迎鼓'라고 하였다. '북을 맞이한다'는 뜻으로 직역되는 이 말 속에는 '하늘 북을 맞이한다'는 뜻이 담겨 있다. '하늘 북'이란 '하늘의 소리'를 다른 말로 표현한 것으로 볼 수 있고, 그것은 곧 천신의 소리를 의미한다. 옛날 삼한의 하나인 마한에 '소도'라는 별읍이 있었는데, 그곳에 사는 사람들은 실제로 큰 나무를 세우고 방

원구단 하늘 북
소공동에 위치한 돌 북. 고종 황제가 하늘에 제사를 지낼 당시 하늘 북의 상징물이다.

울과 북을 걸어 신을 섬겼다. 그들이 나무에 걸어둔 북은 천신을 영접하고 인간의 뜻을 하늘에 전달하는 예기였다.

'하늘 북' 소리는 땅의 북에 공명共鳴을 일으킨다. 이른바 '자명고自鳴鼓'이다. 자명고가 스스로 울어 소리를 냈다면 그것은 곧 하늘의 소리이다. 고대 국가에서 북은 하늘의 뜻이 지상에 전해지는 통로였다. 자명고가 울면 왕은 하늘의 뜻을 읽고 위기에 대비했다. 사랑에 눈이 먼 낙랑 공주가 자명고를 찢은 것은 하늘과 인간이 교통하는 통로를 없앤 것과 같았다. 그래서 하늘의 뜻을 헤아리지 못한

예산 수덕사 법고

낙랑은 망하고 말았다.

    위대한 국가를 세우고 발전시킨 왕의 공덕을 찬양하기 위해 연주했던 조선의 대표적 왕실 의례 음악이 종묘 제례악이다. 이 의례 음악에서 북은 중요한 자리를 차지한다. 북이 하늘의 뜻에 따라 나라를 다스리는 왕에게 천의天意를 전달하는 중요한 예기인 까닭이다. 서울 소공동 옛 원구단 자리에 지금도 용을 새긴 세 개의 천고가 남아 있는데, 이것은 대한제국의 고종 황제가 하늘에 제사 지낼 때 하늘의 뜻을 읽고, 또한 지상의 뜻을 하늘에 전하기 위해 만든 돌 북이다. 북의 가장 중요한 의미와 가치는 이처럼 하늘과 교통하는 데 있다.

묘한 이치가 담긴 소리

> "제석천이 방편을 써서 법고를 두드리자 수많은 천자들이 모두 모였다."
> — 『경률이상經律異相』 권19

    북은 당초에 군중들의 집합 신호용으로 사용되었고, 죽고粥鼓라는 말이 있듯 공양 시간을 알리는 신호기로 쓰이기도 했다. 그러나 불전사물로서의 법고는 그 이름이 말해주듯 단순한 신호용 불구佛具로서가 아니라 법, 혹은 전법의 상징으로 존재해온 지 오래이다.
    '법고'라는 말은 부처님이 계실 당시에도 이미 사용되었다. 부처님께서 가비라위국 니구로타 사원에 계실 때, 여러 스님들이 부처님께 다음과 같이 말했다.

"교진여 등은 전생에 어떤 인연이 있었기에 여래께서 세상에 나오셔서 법고를 처음 떨치실 때 맨 먼저 듣게 되었습니까?"

-『경률이상』제13〈성문부〉

"부처님께서 사자후獅子吼를 한 번 발하시면 외도外道들의 예봉이 꺾였고, 법고를 한 번 울리시면 천마天魔조차도 머리를 숙였습니다."

-『광홍명집廣弘明集』제11〈혹편〉

"여러 범천왕들이 부처님께 말하되, '무상 법륜法輪 굴리시어 법북[法鼓]을 울리시고 큰 법라法螺를 부시며 법비를 널리 내려 중생을 제도하여 주시기 바라오니 연설하여 주옵소서.'"

-『묘법연화경』제3권〈화성유품化城喩品〉

이러한 예는 법고 소리를 부처님이 법을 설하는 것에 비유한 몇 가지 사례에 불과하다.

법고라는 말과 함께 경에 자주 등장하는 것이 '천고'이다. 예컨대『묘법연화경』〈화성유품〉의 "천왕과 모든 하늘은 부처님을 공양키 위해 항상 '하늘 북'을 울리며, 다른 모든 하늘은 하늘의 기악을 울리되, 십 소겁小劫을 다하고 멸도滅度하실 때까지 또한 이와 같이 하였느니라"라고 한 내용 속에 '천고'라는 말이 보이고,『대반야바

예산 수덕사 법고각
수덕사는 범종각과 법고각이 따로 있으며, 법고각 안에 법고와 목어, 운판을 함께 배치했다.

라밀다경 大般若波羅蜜多經 』의 "적거나 모두 평등하게 듣게 하시되, 그 소리가 널리 떨치어 마치 '하늘 북'을 치는 것 같고, 말을 하실 때에는 빈가 頻伽의 소리와 같으시니……"라는 대목에도 '천고'라는 말이 나온다. 전자는 부처님에 대한 공양의 수단으로서 도리천 선법당 善法堂에 있다는 큰북, 천고를 말한 것이고, 후자는 부처님의 설법을 천고의 울림에 비유한 예이다.

천고의 울림은 곧 하늘의 소리이고, 하늘의 소리는 곧 법의 소리이다. 하늘 소리가 법의 소리인 것은, 하늘은 우주로서의 천天을 의

미함과 동시에 묘하고 지극한 이체理體이기 때문이다. 지극하고 묘한 하늘의 소리가 지상의 북에 공명을 일으키고, 그것은 부처님 법이 되어 사유사방에 널리 퍼짐으로써 중생들을 무명無明에서 깨어나게 한다. 천고는 형태도 없고 머무는 곳도 없지만, 법음을 울려 중생을 깨닫게 하기 때문에 대적정大寂定 가운데에서도 자연히 중생을 교화하는 움직임이 펼쳐지는 것이다. 그러므로 북을 울린다는 것은 곧 부처님의 말씀을 전한다는 의미가 되고, 따라서 북은 부처님 말씀을 중생들에게 전하는 수단이자 매체의 성격을 지닌다고 말할 수 있다.

법고 소리와 불법을 함께 엮어 『여래장엄지혜광명입일체불경계경如來莊嚴智慧光明入一切佛境界經』 상편上篇에서는 이렇게 설명한다.

"저 법고의 소리는 볼 수도 없고 빛깔도 없으며, 분별하지도 않아 분별이 없고, 눈의 경계를 지나서 나지도 멸하지도 않고, 음성과 언어를 떠났으며, 심心과 의意와 의식意識을 떠났다. 저 큰 법고는 형상이 없고 짓는 것도 없으며, 볼 수도 없고 관찰할 수도 없으며, 원래 진실함이 없고 생각할 수 없으며, 마음도 없고 형상도 없으며, 빛깔도 없고 소리도 없으며, 실체도 없고 둘이 없어서 눈의 경계를 벗어났다."

일견 법고 소리를 두고 한 말 같지만 실은 불법의 묘리를 설한 것이고, 불법의 묘리를 설명한 것 같지만 실은 법고 소리에 의탁해 불법을 말한 것이다. 이처럼 법고 소리는 불법과 일체를 이루면서 우리의 심금을 울린다.

평창 월정사 법고 대회

한편 『금광명최승왕경金光明最勝王經』(약칭 『금광명경』) 제1 〈참회품〉에서는 "북에서 나는 묘한 소리는 지난 세상 지금 세상의 여러 가지 고통을 없애주나니, 지옥과 아귀 축생의 괴로움과 가난과 곤궁과 그 밖의 여러 가지 중생들이 당하는 온갖 괴로움과 고통도 이 북에서 나오는 아름답고 묘한 소리가 모조리 덜어 없애준다"라고 하면서 법고의 묘하고 아름다운 소리가 삼세三世의 중생들로 하여금 온갖 고통과 번뇌에서 벗어나게 해주고, 두려움을 끊어주며, 삼악도三惡道의 죄와 인간의 고액苦厄을 없애준다고 말했다. 법고가 단순한 신호 기능을 초월하고 있는 것은 북이 이처럼 일체 중생을 해탈의 길로 인도하는 부처님 법을 소리에 담고 있기 때문이다.

안동 봉정사 법고
봉정사의 법고는 고루의 역할을 하는 만세루에 놓여 있다.

법고에서 가장 중요한 것은 '소리'이다. 그래서 장인은 크고 웅장한 소리가 나는 북을 만들기 위해 온갖 노력을 아끼지 않는다. 그러나 이것이 있어 저것이 있고 저것이 없으면 이것도 없듯이, 소리가 있음으로 침묵이 있고 침묵이 없으면 소리도 없다. 경은 법고의 침묵에 대해 이렇게 말하고 있다.

"법고 소리가 나무에 의지하고 가죽에 의지하여 나지만, 그 소리는 과거에도 공空이고 미래에도 공이며 지금도 공이다. 왜냐하면 이 법고 소리는 나무로부터 나오는 것도 아니고, 가죽과 북채로부터 나오는 것도 아니며, 삼세三世에서 나는 것도 아니기 때문이니, 이것은 곧 나지 않는 것과 같은 것이다."

- 『금광명최승왕경』 제5 〈의공만원품〉

북소리는 나무나 가죽이나 북채에서 나는 것이 아니기 때문에 원천적으로 무성無聲이다. 무성은 곧 대음大音이고, 대음은 들을 수 없으니 공空이다. 따라서 침묵에 잠겨 있거나 소리를 내거나 간에 북은 부처님 법이 될 수 있는 것이다.

법고에서 울려 퍼지는 하늘 북의 묘하고 아름다운 소리는 삼세 중생들로 하여금 온갖 고통과 번뇌에서 벗어나게 해주고, 삼계에 두루 퍼져 삼악도의 지극히 무거운 죄와 모든 고액을 없애준다. 여기서 법고가 설치되어 있는 예산 수덕사 법고각의 주련 내용을 소개해 본다.

삼계는 우물의 두레박처럼 돌고 돌아	三界猶如汲井輪
백천만겁의 많은 세월을 지내도다	百千萬劫歷微塵
이제 이 몸 중생에서 제도 못 하면	此身不向今生度
다시 어느 생을 기다려 제도할꼬	更待何生度此身

법의 울림, 타고 법식

법고의 연주 장단이 어떻게 전승되었는지를 보여주는 구체적인 문헌 자료는 없다. 전국 각 사찰의 현황을 살펴보면 법고를 연주하는 소임자는 지금 막 출가한 사미·사미니인 경우가 많고, 법고의 연주 기법은 선배 승려로부터 전수받거나 강원에서 익히는 것이 일반적이다.

법고 타법은 종단에 따라 연주 형태가 다른데, 여기에 서술된 내용은 한국 불교에 큰 영향력을 행사하는 조계종의 경우이다. 법고를 칠 때에는 두 개의 봉을 사용하여 다듬이질하듯 친다. 저녁에는 크게 치는 것으로 시작해서 점점 소리를 작게 줄여가는데 이것을 '내린다'고 하며, 아침에는 작게 치는 것으로 시작해서 점점 소리를 크게 하는데 이것을 '올린다'고 한다.

현재 조계종의 법고 연주 형식은 크게 세 부분으로 나누어져 있다. 도입부, 연주부, 종결부가 그것인데 도입부는 북 연주를 시작하는 부분이고, 연주부는 본격적으로 전개하는 단계이며, 종결부는 북 연주를 정리하고 끝내는 부분이다.

도입부의 특징은 북과 테두리(북의 각)를 번갈아가면서 치는 '둥 둥 두둥 탁 탁 따다', '둥 둥 딱 딱', 또는 '둥 딱'의 4박자 장단으로 연주한다는 점이다. 이 연주에 이어 북채를 점점 빠르게 두드리면서 마지막에는 북의 고정쇠(못) 부분을 위아래로 빠르게 훑듯 드르르륵 소리 나게 연주한다. 도입부는 본격적으로 북장단을 연주

청도 운문사 타고 모습
타고의 도입부는 북과 테두리를 번갈아 치며 시작한다.

하기에 앞서 들려주는 예고편과 같다.

    연주부는 정해진 법식 없이 같은 리듬을 반복한다. 이 경우에는 법고를 치는 사람의 개인적 성향에 따라 장단과 강약에 약간의 차이가 나기도 한다. 그러나 2분박이 나뉘는 부분과 4박자 혹은 8박자마다 한 번씩 악센트를 주어 리듬감을 강조하는 것은 사물을 치는 사람의 구별 없이 공통되는 점이다. 연주부에서 장엄하게 울려 퍼지는 북소리는 방외方外로 보무도 당당하게 진군하는 군대의 발자국 소리와 같다. 그런데 2, 4, 8분박은 우리 전통 장단인 3분박과 다른 것으

법고는 종단과 치는 사람에 따라 연주법이 다른 경우도 있다.

로, 언제부터 이런 장단이 법고 타법에 적용되었는지는 확실치 않다. 다만 개화기에 일본이나 서구 음악의 영향을 받은 것이 아닌가 추측하고 있을 뿐이다.

종결부는 음악적 특징으로 볼 때 도입부와 별 차이가 없다. 다만 도입부 마지막 부분에서 고정쇠 부분을 마치 미끄러지듯이 연주하며 '드르르륵' 효과음을 내는 것이 일반적인데, 법고를 치는 사람의 성향에 따라 연주 방법이 약간씩 달라질 때가 있다.

태고종과 조계종의 타고법을 비교해보면, 태고종 사찰인 신촌 봉원사의 경우는 약 10분간 법고를 연주하는데 '기침쇠', 즉 소리를 서서히 올리거나 내리면서 연주하는 기법이 탁월하다. 또한 북의 테두리나 고정쇠를 위아래로 쓸어내리듯 연주하는 방법을 쓰지 않는 것도 흥미롭다. 이것은 아마 두 종단 사이 교육의 차이에서 생기는 현상일 것이다.

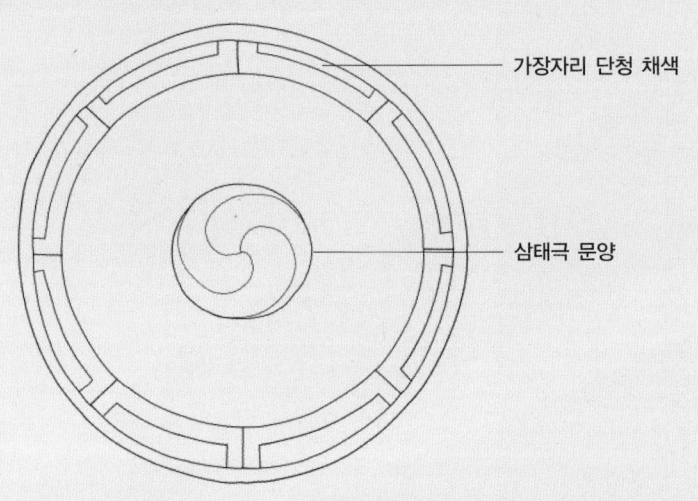
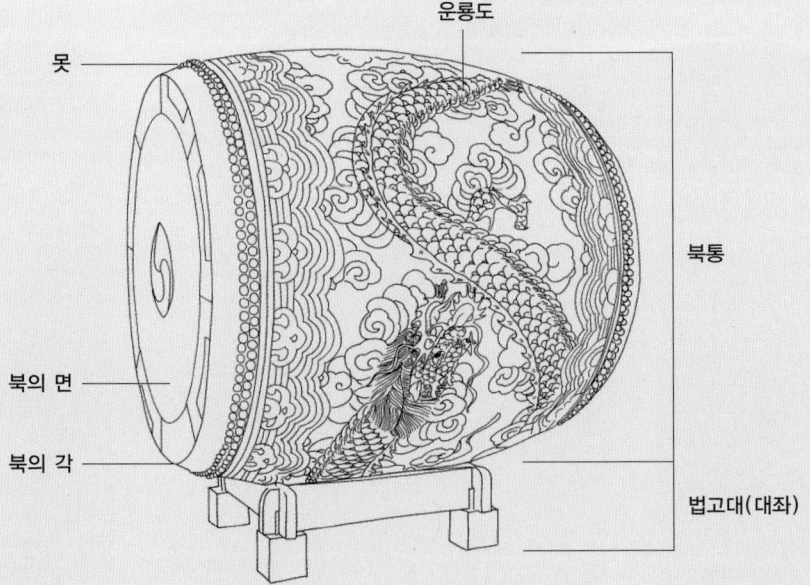

법고의 세부 명칭

① **북통** : 북통의 재료는 소나무로 여러 쪽을 둥글게 깎아 서로 짝을 맞춰 붙인다. 그리고 대패를 이용해 북통의 면을 매끈하게 만든 다음 깨지거나 뒤틀리지 않도록 철태를 두르거나 졸대를 보강한다. 북통의 양쪽에 가죽면을 씌우고 나면, 북통에는 광목을 발라 말린 뒤 단청으로 구름 속에서 노니는 용(운룡도)을 그린다.

② **북의 면** : 북채로 치는 이 면은 기름을 뺀 소가죽으로 만들며, 북통에 가죽을 씌우는 것은 '북을 메운다'라고 표현한다. 면의 중앙에는 '卍'자 무늬나, 이태극, 삼태극의 문양을 그린다. 그리고 면의 가장자리에는 적, 청, 황, 녹색 등의 단청 띠를 그려 치장한다.

③ **북의 각** : 북의 모서리. 법고의 연주는 이 각과 북의 면을 번갈아 치면서 시작된다.

④ **못** : 가죽을 북통에 고정시키는 역할을 한다.

⑥ **법고대** : 전체의 하중을 받는 '대좌'와 북을 올려놓는 '간주'로 구성되어 있으나 경우에 따라서 간주 없이 대좌만 있는 것도 있다.

⑦ **대좌** : 전체의 하중을 받는 곳이다. 나무를 깎아 산예(사자 모양)나 신령스러운 거북이, 상상의 동물 해태 등으로 만들고, 연꽃이나 구름 문양 장식을 한다. 대좌에 쓰이는 동물은 대부분 네발로 서 있는 짐승을 조각하는 것이 일반적이지만 경우에 따라 배를 바닥에 대고 쉬는 모양으로 만든 것도 있다.

⑧ **간주** : 북을 올려놓는 곳으로 대좌로 쓰인 동물의 안장 윗부분부터 시작된다.

긴 공정이 필요한 법고 제작

북을 만드는 공예 기술을 말할 때, 가죽을 북통에 씌우는 일을 '메운다'라고 한다. 북을 메울 때에는 소나무 여러 쪽을 둥글게 깎은 다음 서로 짝을 맞춰 붙여서 북통을 만든다. 그리고 기름을 뺀 쇠가죽을 북통의 양편에 메고 못을 박아 고정시킨다. 마지막으로 북통에 단청을 하고 주석 고리를 달면 법고가 완성된다.

단청을 올릴 때에는 가죽 부분 중앙에 청·적색으로 된 이태극이나, 청·적·황색으로 된 삼태극, 또는 만자문卍字紋을 그려 넣기도 한다. 그리고 변죽을 돌아가면서 적·청·황·녹색 등으로 단청 띠를 그려 치장하기도 한다.

북통을 만들 때 주로 사용하는 재목은 소나무이다. 잘 말린 송판을 북 크기에 맞춰 여러 조각으로 만든 다음 접착제로 서로 붙여 기본 형태를 만든다. 그리고 대패를 이용해 표면이 매끈하도록 깎는다. 깨지거나 뒤틀리지 않게 하기 위해 철태를 두르거나 졸대를 보강하는 것도 중요하다. 이 과정이 끝나면 가죽 메우기 공정으로 들어간다.

법고는 가죽 구하기가 가장 힘들다고 하는데, 이른 봄이 아니면 늦가을에 잡은 3년생 정도 된 쇠가죽을 상품으로 친다. 가죽을 구하면 소금과 석회를 푼 물에 10여 일 정도 담가둔다. 그다음 하루에 서너 차례 뒤척여 털을 뽑아내고 가죽 대패로 밀어 두께를 고르게 한다. 그리고 닭똥을 풀어 거른 청주빛 물에 가죽을 담가 석회 성분을

하동 쌍계사 범종루 법고
법고대 위가 아니라 쇠사슬로 천장에 매달아놓았다.

빼고 쌀겨를 풀처럼 쑤어 1주일 이상 발라둔 뒤 장판에 못을 박아 말리면 가죽 만드는 공정은 끝이 난다. 잘 다듬어진 가죽을 북통에 걸어 묶고 당겨 긴장도를 조정하면 일단 북의 모습이 갖추어진다. 마지막으로 북통에 광목을 발라 말린 후 단청을 올리게 되면 모든 공정이 끝난다. 완전한 북을 만드는 데 걸리는 시간은 대략 1년 정도인데, 이 기간의 반 정도가 재료를 구하고 말리고 다듬고 준비하는 시간이다.

상징적 의미가 담긴, 법고의 장식

법고에는 법고의 상징적 의미를 살리는 아름답고 의미 깊은 문양이 장식된다. 가죽 면에 가장 많이 그려지는 것이 태극이고, 북통에 가장 많이 그려지는 것은 운룡雲龍이다. 그리고 가죽 면 둘레에는 오채五彩의 단청이 올려진다. 드물게 卍자나 봉황 문양을 그려놓은 것도 볼 수 있다.

심오한 뜻을 간직한 태극도형

태극도형은 그 모양이 단순하다면 단순하다. 그러나 태극도형만큼 심오한 뜻을 간직한 것도 드물다. 태극 속에는 우주의 생성과 소장消長의 이치가 숨어 있고, 조화와 상생의 천도天道가 함축되어 있다. 하늘의 도道는 만물의 도이자 인도人道의 근원이다. 하늘 북을 말하는 불교의 관점에서 본다면 법고의 태극도형은 불법의 상징이 될 수 있다. 그래서 북의 태극도형은 미와 장식 차원을 넘는 것이라 말할 수 있는 것이다.

    태극도형은 크게 이태극(음양태극)과 삼태극으로 분류된다. 이것을 이파문二巴紋, 혹은 삼파문三巴紋이라 하기도 하는데, 모양이 '파巴'자를 닮았다고 해서 붙여진 이름일 뿐, 글자 자체에는 별다른 의미가 없다. 이태극은 태극기에 그려진 것처럼 바람개비 모양의 양의兩儀가 원상 안에서 상하로 상대하며 회전하는 형태로 되어 있다. 위쪽에 있는 것이 양의陽儀이고 색은 적색이며, 아래쪽에 있는 것이

남양주 봉선사 법고 태극
중앙에는 삼파문이라고도 불리는 삼태극 문양이 그려져 있고 가장자리에 단청을 그렸다.

음의陰儀이고 색은 청색이다. 양의를 위쪽에, 음의를 아래에 둔 것은 '하늘은 양으로서 위에 있고[天陽上], 땅은 음으로서 아래에 있다[地陰下]'는 동양적 우주론을 바탕으로 하고 있다. 양의와 음의가 서로 맞물려 회전하는 태극의 모양은 음양이 각기 개별성을 유지하면서 상호 의존하는 이치를 드러내고 있다.

이태극에 날개 하나가 더해진 것이 삼태극이다. 삼태극은 천·지·인 삼재가 하나로 혼합된 상태를 나타낸 것으로, 우주 구성의 대표적 요소인 천·지에 인간을 참여시킨 것이다. 삼재의 한 요소로서

의 인간을 태극에 포함시킨 것은, 인간이 천지의 합체이자 소우주라는 인식을 바탕으로 하고 있다. 태극은 빨강·노랑·파랑을 기본색으로 하고 있으며, 각 날개는 단색으로 된 것도 있고 두 가지 색으로 처리된 것도 있다. 두 가지 색을 사용한 경우에는 짙은 색을 날개의 한쪽에 칠하여 각 날개 간의 구분을 명확히 함으로써 운동성을 더욱 뚜렷이 드러낸다. 삼태극의 세 날개는 하늘, 땅, 사람이라는 우주의 대표적인 세 요소를 상징한다는 점에서 공간적 개념이다. 그리고 회전하는 모양은 우주의 운행을 나타낸다는 점에서 시간적 개념이다.

완주 송광사 법고
삼태극의 세 날개는 하늘, 땅, 사람이라는 우주의 대표적 세 요소를 상징한다.

법고에 장식된 태극도형 중에는 왼쪽으로 회전[左旋]하는 것도 있고, 오른쪽으로 회전[右旋]하는 것도 있다. 해시계의 막대 그림자가 움직여가는 방향으로 도는 것을 '좌선'이라 하고, 그 반대 방향으로 도는 것을 '우선'이라 한다. 즉 태극도형을 해시계라 가정하고 그 중심에 막대를 꽂았을 때 날개의 회전 방향이 해시계 그림자의 이동 방향과 같으면 '좌선 태극', 반대면 '우선 태극'이라 한다. 우리가 보통 시계 방향이라고 하는 것이 좌선이다. 좌선 또는 우선은 보는 사람의 입장에 따라 달라지는 것이 아니라 그 자체로서 정해져 있는 음양의 이치이다.

상하·사방·허공은 공간 개념이고, 과거·현재·미래는 시간 개념이다. 태극도형에서 마주하는 양의는 공간 개념이고, 그 회전 운동의 방향은 시간 개념이다. 우주는 시간과 공간의 융합체이므로 회전하는 태극도형은 우주의 상징이라 할 수 있다. 태극은 태극의 원기元氣가 미분된 상태를 상징한다고 볼 수 있는데, 이것이 바로 충막무짐의 상태이며 이로부터 삼라만상 모든 것이 분화되어 나온다. 침묵 상태의 북을 두드렸을 때 우레 같은 소리가 터져 나오는 것이 마치 삼라만상이 태극에서부터 나오는 것과 같으니, 법고 장식 문양으로 태극도형보다 훌륭한 것도 없을 것이다.

신령함이 깃든 용의 문양

용은 천변만화의 능력을 가지고 있어 자유자재로 숨거나 나타나며, 작아지거나 커지고 짧아지거나 길어질 수 있다고 한다. 또한 구름 속에서 학을 연모하면 봉황을 낳고, 육지에서 암말과 짝을 지으면 기린을 낳는다는 전설의 주인공이다. 그 변화의 무궁함은 진실로 오늘날 우리 인간이 멋대로 억측할 수 있는 경지를 초월해 있다.

북통에는 대부분 보통 구름 속에 노니는 용의 모습을 묘사한 운룡도雲龍圖가 그려진다. 운룡도를 보면 용이 구름 속에 몸을 감추기도 하고 드러내기도 하여 더욱 신비스러운 분위기를 연출한다. 구름은 용이 자신의 기운을 토해 만들어낸 것이다. 그러므로 구름 역시 영괴靈怪하다. 구름의 영괴함은 용이 그렇게 만든 것이지만, 용의 신령함은 구름이 만들어낸 것이 아니다. 그러나 용은 구름을 타지 않으면 자신의 신령함을 더욱 신묘하게 할 수 없으므로, 자신이 토해낸 구름에 의탁하여 자신의 영괴함을 스스로 배가시킨다. 법고에 그려진 운룡도의 화의畵意가 바로 여기에 있다. 운룡에 관한 이야기는 물론 사람이 지어낸 것에 불과하지만, 사람들은 운룡도를 법고에 그려놓고 운룡처럼 신령스러운 법고의 소리가 뭇 중생들을 깨워 부처님의 미묘법微妙法을 깨닫게 해주기를 기대하는 것이다.

북통에 그려진 그림을 보통 용 그림이라고 말하지만, 실제 용의 종류는 우리가 상상하는 것 이상으로 많다. 가장 널리 알려진 것이 '용생구자설龍生九子說'에 등장하는 아홉 용이다. 명나라의 호승지胡承之라는 사람이 쓴 『진주선眞珠船』에서는 이 용들을 다음과 같이 열거하고 있다.

" '비희'는 거북이를 닮았는데, 무거운 것을 지기를 좋아한다. 돌비석 아래에 있는 귀부龜趺가 이것이다. '이문'은 모양은 짐승을

양양 낙산사 법고(위)와 홍천 수타사 법고 음통에 그려진 운룡도(아래)

닮았는데, 먼 데를 바라보는 것을 좋아한다. 전각의 지붕 위에 있는 짐승 머리가 바로 이것이다. 일명 조풍嘲風, 치미鴟尾라고도 한다. '포뢰'는 모양은 용을 닮았는데, 소리 지르기를 좋아한다. 종 위에 있는 게 바로 이것이다. 종의 소리를 크게 하고자 할 때에는 포뢰를 종 위에 조각하고 고래 모양의 당撞을 친다. '폐안'은 일명 헌장憲章이라고도 한다. 모양은 호랑이를 닮았는데, 위엄과 힘이 있어 감옥의 문에 세운다. '도철'은 마시고 먹는 것을 좋아한다. 그래서 솥의 뚜껑에 세운다. '공복'은 물을 좋아하는 성질을 가졌다. 그래서 다리의 기둥에 세운다. '애자'는 죽이기를 좋아하여 칼의 콧등이나 칼자루에 새긴다. '산예'는 모양이 사자와 닮았고, 연기와 불을 좋아하여 향로에 새긴다. 또한 앉기를 좋아하는데, 부처님 자리의 사자가 바로 이것이다. '초도'는 모양이 소라고둥을 닮았다. 닫기를 좋아하여 문고리에 붙인다. 이 밖에도 비늘이 있는 교룡, 날개가 있는 응룡, 뿔이 있는 규룡, 뿔이 없는 이룡, 승천하지 못한 반룡, 물을 좋아하는 청룡, 불을 좋아하는 화룡, 울기 좋아하는 명룡, 싸우기 좋아하는 석룡, 그리고 기룡夔龍 등이 있다."

　이들 용 중에서 우리가 주목하는 용은 '기룡'이다. 중국 최고最古의 지리서『산해경』에 따르면, 기룡은 용의 우두머리로서 먹거나 마시는 데 절도가 있고, 더러운 곳에 노닐지 않으며, 찌든 샘물은 마시지 않는다고 한다. 그리고 기룡의 가죽으로 북을 만들어 치면 소리가 500리까지 들린다는 것이다. 기룡이 갖는 이러한 상징성을 감안할 때, 법고에 그려진 운룡도의 주인공은 기룡이 아닌가 생각된다.

청도 운문사 만세루의 법고

북통에 용을 그린 뜻은 북소리가 멀리 퍼지게 하려는 데 있다.

길상의 상징, 卐문양

십자가가 기독교의 상징이라면, 卐문양은 불교의 상징이다. 이것을 '卍'자 모양으로 나타내기도 한다. 범어로 스바스티카(Svastika)라 하며, 원래는 글자가 아니라 상相이요, 상징형이다. 스바스티카는 빛과 침투 그리고 생동을 대표하는 태양의 상징으로, 중국에서 卍이라는 글자로 개창되기 이전부터 고대 인도를 비롯하여 페르시아, 그리스, 인도네시아, 이란, 멕시코, 말레이시아 등의 장식 미술에 모두 나타나고 있으며, 브라만교나 자이나교 등에서도 이 문양을 사용해왔

117

다. 불교에서는 석가모니 부처님의 가슴과 발 등에 나타난 것을 '상서로운 상'으로 여겨 길상의 상징으로 삼음과 동시에 불심인佛心印으로 사용하였다.

卐문양이 왼쪽으로 도는 형태를 갖추고 있는 것은 우주 및 태양계의 회전 운동에 동조하는 의미를 지닌다. 사람들은 왼쪽으로 도는 좌선을 우주의 순행 원리에 부합하는 정상적인 운동 원리로 여겼으며, 그 반대 방향인 우선은 우주의 질서를 역행하는 것으로 여겨 배척했다.

당나라 측천무후 장수 2년(693)에 불교의 길상상을 표현하기 위한 방편으로 卍자의 형태를 가진 글자를 만들어 정식 문자로 채택하였으며, 만덕萬德이 모였다는 뜻을 새겨 '만萬' 자로 읽었다. 『화엄경음의華嚴經音義』에서는 길상상의 상징 의미를 卍으로써 설명했는데, 卍은 그 발음이 '만'이며 길상만덕이 한데 모여 있는 것을 말한다고 해석하였다. 결국 卍은 만상萬相이 원만圓滿 유전하는 상태를 나타내는 길상의 표징이라고 할 수 있다

근년에 지은 사찰에서는 좌선하는 卐문양이 시문된 경우는 몇 개의 사찰을 제외하면 거의 찾아볼 수 없으며, 우선하는 卍문양이

여주 신륵사 법고와 법고대
범종각에 있는 법고로 몸통에는 구름 위를 나는 용을 그려놓았고, 사각형 법고대에는 꽃무늬를 새겨놓았다.

산예형 법고대 대좌
국립중앙박물관 소장품

주류를 이루고 있다. 신축한 사찰 건물의 지붕 합각 부분이나 서까래 마구리에 그려진 것은 물론이고, 종단에서 불교의 상징으로 내세우고 있는 표지 역시 卍문양의 형태를 취하고 있다. 원래 길상의 상징으로서 卐문양이 동일한 뜻을 부여한 한자의 卍자와 함께 혼용되어오다 현대에 이르러 卍자로 일반화된 것이 아닌가 생각된다.

북을 올려놓은, 법고대

법고는 예기의 하나이므로 사찰에서는 법고대法鼓臺를 만들어 정중히 보관한다. 법고대는 전체 하중을 받는 대좌臺座와 북을 올려놓는 간주竿柱로 구성되어 있다. 그러나 경우에 따라서 간주 없이 대좌만 있는 것도 있다. 법고와 마찬가지로 법고대도 여러 가지 장식으로 꾸며진다. 대좌는 나무를 깎아 산예(사자)나 신령스러운 동물인 거북이 형상으로 만들기도 하고, 연꽃이나 구름 문양 장식을 곁들이기도 한다. 불국사 범영루의 법고대(귀부형), 호암미술관 소장 법고, 관룡사 법고(산예형), 흥국사 법고(산예형), 국립중앙박물관 소장 법고(해치형) 등이 각각의 예에 속한다.

관룡사 법고는 조선시대 후기에 만들어진 것으로 알려져 있으며, 대좌와 간주를 갖춘 법고의 전형적 형태를 보여주고 있다. 대좌의 경우 네발로 서 있는 짐승을 조각하는 것이 일반적인데, 관룡사 법고의 짐승은 배를 바닥에 대고 앉아 쉬는 모습으로 표현된 것이 이채롭다. 목둘레에 갈기가 표현된 것으로 봐서 산예를 염두에 두고 만든 것으로 믿어진다. 지금은 나뭇결의 색이 바래 나이테가 보이는 소

창녕 관룡사 법고대

양산 통도사 법고와 법고대
엎드린 해태 위에 작은 해태 두 쌍을 조각해놓았다. 법고는 연꽃잎 모양의 대에 올려져 있다.

박한 모습을 보여주고 있지만, 원래는 채색되어 있었던 것으로 추측된다. 산예의 등에는 간주가 세워져 있는데, 위쪽에 'U'자형으로 깎은 북 받침을 부착하여 북을 안전하게 올려놓을 수 있도록 해놓았다.

국립중앙박물관에 소장된 법고대는 안장의 한복판에 하엽형荷葉形으로 자리를 만들고, 그 위에 3단으로 된 간주를 만들어 붙였다. 상단은 연꽃 봉오리이고, 중단은 북 모양으로 나타나 있는데 그 둘레에 소박한 칠보문이 새겨져 있다. 그리고 동물의 꼬리 중간까지는 고사리 모양의 당초문이 새겨져 있다.

흥국사 법고는 지금 산예형 대좌 위에 그냥 올려져 있으나, 원래는 간주가 있어 그 위에 올려놓았을 것으로 추측된다. 몸과 다리, 꼬리 부위를 따로 조각하여 조립한 것이 분명하지만 보기에 어색한 점이 전혀 없어 조각장의 실력이 범상치 않음을 알 수 있다. 관룡사의 경우와 다른 점은 네발로 서 있는 입상이라는 것이다. 원래는 간주가 있었으나 지금은 끈으로 묶어놓고 사용한다.

불국사 범영루의 법고대는 간주가 없고 완전한 거북 형태로 된 귀부형 법고대이다. 육각형 문양이 뚜렷한 귀갑 정상 부분에 안전장치를 만들고 그 위에 법고를 올려놓았는데, 형태는 거북을 닮았으나 타성에 젖은 표현 기법이다.

경계의 울림, 목어·운판

"소리가 하늘을 진동시키고,
듣는 자 희열을 느끼니 참으로 법기이다."

경계警戒의 울림,
목어 · 운판

목어木魚는 나무를 물고기 모양으로 깎고 속이 비게 파내어 막대로 쳐서 소리 내는 불교 예기 중 하나이다. 우리나라에서는 범종각에 걸어놓고 치는 장어형長魚形 목어와 독경이나 예불 의식 때 손에 들고 치는 목탁을 구별해 말하고 있지만, 목어든 목탁이든 기원을 함께하고 동일한 상징적 의미를 가지고 있기 때문에 명칭에 구애받을 필요는 없다. 중국이나 일본의 사찰에서는 우리가 목탁이라고 하는 것도 모두 목어로 부르고 있다.

당초에 목어는 특정 시각을 알리는 신호용 도구로 사용되었다. 그러던 것이 후에 수행자의 혼미한 정신을 경책하는 의미가 부여되고, 거기다 수중水中 중생을 구제하는 소리 공양구供養具로 해석되면서 사찰에 없어서는 안 될 중요한 불구佛具로 자리 잡았다. 속이 비어 있어 더 큰 공명을 일으키는 목어는 그 둔탁하면서 부드러우며 격조

경주 기림사 목어
기림사의 목어는 둥근 머리와 동그란 눈을 가진 잉어 모양을 하고 있다.

높은 소리로 산천과 사부대중四部大衆의 심금을 울리니 그 신이한 힘은 다 말하기 어렵다.

목어가 물고기를 닮았기 때문에 지어진 이름이라면, 운판雲板은 말 그대로 모양이 구름처럼 생겼기 때문에 붙여진 이름이다. 당초에 운판은 주로 신호 용도로 사용되었으나, 후에 천계 중생을 제도한다는 불교적 의미가 부여되면서 다른 사물과 함께 사찰의 중요한 법기로 자리 잡게 되었다.

조석 예불 때에 맞춰 다른 사물 소리와 함께 울려 퍼지는 맑고 청아한 운판의 금속성 소리는 절도와 위의를 지키게 하여 사찰의 수행 분위기를 고조시키는 데 일조하고 있다.

다양한 유래담을 가진 목어

목어의 역사는 목박木撲에서 시작되었다. 목박은 다듬지 않은 일종의 두꺼운 나무판을 말하는 것으로, 처음에는 주로 아침 죽 먹을 시각, 점심 먹을 시각 등 시간을 알리는 용도로 쓰였다. 반방飯梆, 죽고粥鼓 등의 별칭이 식사 때를 알리는 용도로 목박이 쓰였던 사실을 잘 말해주고 있다. 후에 목박이 물고기 모양으로 만들어지게 되면서 물고기 '어魚'자를 붙여 어판魚板, 어고魚鼓나 어방魚梆, 명어鳴魚라고 하였다. 1933년 「동아일보」 기사를 보면 당시에는 '목형木型 붕어'라는 이름으로 불리기도 했음을 알 수 있다.

목어가 언제부터 물고기 모양을 갖추게 된 것인지는 분명하지 않다. 그러나 이익李瀷(1681~1763)의 저서 『성호사설星湖僿說』 제10권 〈인사문人事門〉의 "불교가 한나라 명제明帝 때 중국에 들어왔는데 『청오靑鳥』에 '목어'라는 말이 있고……"라는 대목을 볼 때, 한나라 때에 처음 목어가 만들어진 것으로 추측된다. 여기서 『청오』는 풍수나 지리를 공부하여 집터나 묏자리를 잡아주는 감여가堪輿家를 하던 청오라는 사람의 저서로, 터를 정하는 데 필요한 사항을 정리한 책이다.

목어가 물고기 형상으로 만들어지게 된 연유에 대해서는 여러

목어의 전신 목박
반방, 죽고라 하여 식사 때를
알리던 용도로 쓰였다.

가지 설이 있다. 먼저 당唐 대의 저명한 불교 개혁가 백장 회해百丈懷海(720~814) 스님이 지은 『백장청규百丈淸規』에 나오는 물고기 속성과 관련된 경책설이 있다.

"목어에 관해서 전해오기를, 물고기는 항상 주야로 눈을 뜨고 있어 나무를 깎아 물고기 형상을 만들어 두드려 혼미한 마음을 경계한다고 한다.木魚 相傳云 魚晝夜常醒 刻木像形擊之 所以警昏情也"

항상 눈을 뜨고 있는 물고기의 속성을 불면면학不眠勉學 하는 수행 자세에 비유한 내용인데, 이 목어 유래설이 승려는 물론 일반 불자들에게도 널리 받아들여지고 있다.

한편 공부하는 승려들이 교훈으로 삼을 만한 고승들의 글을 모아 엮은 『치문경훈緇門警訓』의 목어에 관한 이야기는 조금 다르다. 옛날 한 비구가 절을 가지고 있었는데, 시주를 탐내어 아무 데나 막 써버린 죄로 죽은 후에 마가다국의 큰 물고기가 되었다. 물고기가 되어서도 다른 작은 물고기들을 탐내고 같은 무리들을 많이 죽여서 그 업보로 지옥에 떨어져 무량의 고통을 받게 되었다. 이에 절에서는 나무로 물고기 형상을 만들어 쳐서 모든 비구의 흐트러진 마음을 경계하도록 했다는 이야기이다.

목어 유래담은 이것이 다가 아니다. 현장玄奘(602~664) 스님의 〈지귀곡指歸曲〉을 통해 전해지는 이야기도 많은 유래담 중의 하나이다. 현장 스님이 인도로부터 귀국하던 도중 한 장자長者의 집에 머물게 되었다. 집주인에게는 새 아내와 전처 소생의 세 살 난 아이가 있었는데, 어느 날 그가 사냥하러 간 틈을 타 아내가 평소에 미워하던 전처 아들을 바다에 던져버렸다. 이 사실을 알게 된 장자가 매우

순천 송광사 종고루 사물

슬퍼하며 아이를 위한 천도재를 올리려던 참에 현장 법사를 만나게 되었다. 장자가 기쁘게 맞이하여 좋은 음식을 차려놓고 들기를 청하자, 현장 스님이 먹지 않고 말하기를 "내가 산 넘고 물 건너 먼 길을 여행하느라 몸이 지친 관계로 물고기를 먹고 싶은데, 반드시 큰 물고기라면 좋겠소"라고 하니 옆에 있던 여러 사람들이 크게 놀라워했다. 장자는 즉시 사람을 보내어 큰 물고기를 잡아오도록 했는데, 현장 스님이 잡아온 물고기의 배를 가르자 그 속에 아이가 들어 있었다. 아이를 꺼내주면서 현장 스님이 말했다. "이 아이가 전생에 불살계不殺戒를 가진 까닭으로 물고기에 먹혔으나 지금까지 죽지 않았소." 이에 장자가 크게 기뻐하여 "어찌하면 이 물고기의 은혜를 갚을 수 있겠습니까?" 물으니, 현장 스님이 "나무로 물고기 모양을 만들어 절에 걸어두고 재를 올릴 때마다 두드리면 그 은혜를 갚을 수 있을 것이오"라고 답했다. 그렇게 하여 물고기의 은혜를 갚기 위해 목어를 만들었다는 줄거리이다. 그런데 아들이 살아나기는 했으나 물고기가 아들을 잡아먹은 것은 사실인데, 과연 이것을 두고 물고기 은덕 운운할 수 있는지 의문이 간다.

그런가 하면 이 유래설의 내용과는 반대로 물고기를 응징하기 위해 목어를 만들었다는 이야기도 있다. 한나라 때 자광慈光 대사와 두 명의 승려가 황제의 명으로 인도에 가게 되었다. 천신만고 끝에 경전을 얻어 배를 타고 바다를 건너 돌아올 때, 돌연 거대한 풍랑을 만났다. 이때 흉악하게 생긴 큰 물고기가 나타나 뱃머리에 놓아둔 경

남양주 내원암 목어
6·25전쟁 때 폭격으로 내원암 건물이 소실되었음에도 유일하게 보전되어 전해지는 목어이다. 근래 푸른색으로 새로이 단장하였다.

전을 물고 바다로 들어가버렸다. 이를 본 두 승려가 급히 바다로 뛰어들어 격투 끝에 대어大魚를 잡아서 배 위에 끌어 올려놓았다. 그러자 바람이 고요해지고 밝은 빛이 찬란하게 빛났다. 대사 일행은 끈으로 대어를 묶은 뒤 절로 가지고 돌아와 매일 물고기를 치면서 삼킨 경전을 내놓으라 꾸짖으며 아미타불을 염송했다. 그렇게 계속 두드리니 얼마 되지 않아 대어 머리가 산산조각 나버렸다. 그래서 나중에는 나무로 물고기 모양을 만들어놓고 날마다 쳤는데, 이것이 목어를 두드리며 경전을 염송하는 불가의 풍습이 되었다는 것이다.

우리나라의 목어는 향공이라 하여 배 부분이 비워져 있다.

한편 이와는 조금 다른 목어 유래담도 전해진다. 옛날 한 승려가 스승의 가르침을 어기고 나쁜 행동을 일삼다가 죽었다. 그는 곧바로 물고기 과보果報를 받았는데, 등에 나무가 한 그루 나서 풍랑이 칠 때마다 흔들려 피를 흘리는 고통을 당하곤 했다. 스승이 배를 타고 바다를 건너다 제자가 물고기로 화현해 고통받는 모습을 보게 되자, 곧 수륙재水陸齋를 베풀어 물고기를 해탈케 했다. 물고기는 지난날의 잘못을 크게 뉘우치고 자신의 등에 난 나무로 물고기 형상을 만들어 수행자로 하여금 경각심을 일으키는 데 써달라고 부탁했다. 이로써 만들어진 것이 지금 우리가 보는 목어의 시초라는 것이다.

그런데 전혀 다른 측면에서 목어를 바라본 목어 유래담도 있다. 조선 후기 학자 이규경李圭景(1788~1856)의 『오주연문장전산고五洲衍文長箋散稿』〈석전총설釋典總說〉'목어와 건치' 항목을 보면, "지금 사찰에 달아놓은 목어에 대해 석씨가 이르기를 '염부제閻浮提는 곧 거오巨鼇의 등에 실린 곳으로, 거오가 가려움증이 일어나 몸을 움직이게 되면 산이 따라 흔들리기 때문에 그 거오의 형상을 본떠 달아놓고 치는 것이다'라고 하였다"고 서술되어 있다.

'거오'란 오신산五神山 전설에 나오는 큰 자라를 가리킨다. 발해 동쪽에 대여·원교·방호·영주·봉래라는 다섯 신산이 있는데, 이 산들이 조수潮水에 밀려 표류하지 않도록 천제天帝가 명하여 금빛 자라[金鼇] 열다섯 마리로 하여금 이 산들을 머리에 이고 있게 했다는 전설 속의 그 자라가 바로 목어의 본보기라고 이 책은 적고 있다.

이상에서 살펴본 대로, 목어의 유래담은 그 종류도 많고 내용도 다양하다. 항상 눈을 뜨고 있는 물고기의 속성과 관련된 해석, 나쁜 승려와 물고기에 얽힌 인연 설화, 현장 스님의 신통력·통찰력과 연결된 일화가 있는가 하면, 경전을 삼킨 물고기 설화, 탐심 때문에 지옥에 떨어진 물고기 설화도 있고, 심지어 신선 사상의 상징인 큰 자라까지 목어 유래담 대열에 가담한다. 그래서 혼란을 느낄 정도지만, 목어는 일종의 상징형이고, 상징형이 가진 상징성이라는 것은 고정 불변의 진리가 아니라는 점을 염두에 두어야 한다.

상징물의 상징적 의미는 시대와 사회 변화에 따라 변하고 각색되기 마련이다. 다시 말해, 그 시대와 사회적 요구 및 기대에 따라 달리 해석될 수도 있다. 따라서 옛사람들이 목어에 대해 어떤 생각들을 가지고 있었는지 아는 것만으로도 큰 의미가 있는 셈이다.

목탁 소리의 인연

조선 후기 고승인 경암 응윤應允(1743~1804) 스님은 『경암집鏡巖集』〈목탁기木鐸記〉에서 목탁의 공덕에 대해 이렇게 썼다.

> "부처를 염하는 자는 흔히 목탁으로써 운을 조절한다. ……목탁은 헤아려 마음을 맑게 하고, 구름 낀 하늘을 꿰뚫고, 침몰을 경계하고, 졸음 귀신을 쫓으며, 무명을 벗고 본성으로 돌아가게 하는 데 큰 공이 있다.

녹나무
근래 목어의 재료로 많이 쓰인다. 녹차의 생장에 도움을 준다고도 해 차밭에 심기도 한다.

돌 위에 있는 괴목을 취해 큰 주먹같이 깎고 다듬어 칼로 배를 파내고 귀를 뚫어서 손잡이를 조각하고 봉을 들어 한 번 치니, 소리가 모든 하늘을 진동시키고 듣는 자는 모두 희열을 느끼니 참으로 법기이다. ……
맑고 투철한 소리를 가진 목어는 스승도 되고 친구도 된다."

마음을 맑게 하고 본성을 찾아 무명에서 벗어나게 해주는 목탁의 공덕을 칭송한 것이다. 이런 점 때문에 목어는 때로 응보應報의 이치와 번뇌 망상의 속박에서 벗어나는 탈각脫却의 상징으로 인식

순천 선암사 목탁
목어의 울림은 제행이 무상함을 느끼게 해준다.

되기도 한다.

목어 소리는 듣는 이로 하여금 현실과 자신을 반추하며 불법 세계로 들어가는 계기를 마련해준다. 정약용은 『다산시문집茶山詩文集』 제1권 〈독서동림사讀書東林寺〉 시에서 "새벽까지 함부로 잠들지 않고 함께 앉아 목어 소리 들으니, 세상 영달 반드시 원할 것이 못 되더라 未敢眠到曉 同聽木魚響 非必慕榮達"라고 읊었다. 목어 소리가 제행이 무상함을 새삼 느끼게 해준 것이다.

또한 당나라 진각眞覺은 『영어고咏魚鼓』에서 "나는 잠깐 목어를 만들어 중생의 고통을 위해서 머리를 매달았다. 사승이 차를 마시고 몽둥이를 잡아 배를 치니, 몸은 비록 비늘로 덮여 있어도 마음속에는 일물이 없다我暫作魚鼓 懸頭爲衆苦 師僧喫茶飯 拈槌打我肚 身雖披鱗甲 心中一物無라고 하면서 목어에서 공空의 묘리를 느꼈음을 피력했다.

목어와 왕자의 인연에 관한 이야기도 있다. 『임하필기林下筆記』 제11권 〈목어가 아이의 울음을 멎게 하다〉를 보면 고려의 왕이 부처님께 빌어 아들을 하나 얻었는데, 밤낮으로 울기만 하다가 오직 목어 소리만 들으면 울음을 그쳤다. 이 소문이 바다를 건너가니 중국의 승려가 와서 왕자를 보고 "이분은 제 스승입니다. 스승은 본래 가난한 마부였는데, 가마 일로 금을 얻어 호숫가에 사찰을 세우고 마침내 스님이 되었습니다. 그런 지 1년 만에 다리를 절게 되고 2년 만에 눈이 멀어 3년 만에 벼락을 맞아 죽었는바, 제가 붓을 적셔 스승의 팔에 쓰기를 '불무령佛無靈(부처님은 영험이 없다)'이라 하였는데, 지금 아이의 팔을 보니 과연 세 글자가 있습니다"라고 말했다. 왕이 이 이야기를 듣고는 "불무령이 아니라 불유령佛有靈(부처님은 영험이 있다)이구나" 하였다.

이 이야기는 고려 11대 왕인 문종과 그의 넷째 아들 대각국사大覺國師 의천義天(1055~1101)에 관한 내용이다. 전생에 가마꾼이었던 의천은 비록 천한 신분에서 벗어나기 위해 일하며 자신도 모르게 저질렀던 과오가 있었으나, 사찰을 짓고 목탁을 두드리며 기도해 삼생에 걸쳐 받아야 할 모든 죗값을 한생에 받아 모두 치르고, 다음 생에 왕자로 태어나게 되었다는 것이다.

절도 있는 울림, 목어 타법

범종루에 걸어놓은 장어형 목어와 예불 때 손에 들고 치는 목어(목탁)는 용도와 타법에서 서로 다르다. 먼저 장어형 목어는 두 개의 막대(목어 채)를 사용하여 친다. 목어를 칠 때에는 넓게 파진 구멍 안쪽을 치되, 머리 쪽에서부터 시작한다. 빠르고 약하게 치는 것으로 시작하여 꼬리 쪽으로 이동하면서 점점 크게 친다. 꼬리 부분에 이르면 '투둑 투둑' 그치는 듯, 머무는 듯 강하고 절도 있게 두드린다. 다시 입 쪽을 향해 되돌아오면서 계속 치다가 입 쪽에 다다르면 소리를 점점 줄이면서 빠르고 약하게 친다. 이것을 몇 번 반복하는데, 마지막 회차에서는 목어의 배 중앙 부분에서 엇박자로 '투둑 툭, 툭' 치는 것으로 대미를 장식한다.

한편 목탁은 독경이나 염불에서 일정한 속도를 유지하거나 처음과 끝을 알리는 신호음을 낼 때 사용한다. 길게 한 번을 큰 소리에서 작은 소리로 내려치면 공양 및 차담茶談 준비가 다 되었으니 모이라는 뜻이고, 두 번을 내려치면 대중울력 시각을, 세 번을 내려치면 강원의 경전 공부 및 입선入禪 수행 시간이 되었음을 알리는 것이다. 이처럼 목탁은 승원 공동생활의 규범을 지시하는 신호로 활용되고, 또한 도량석이나 예불 및 독경에 사용된다. 목탁의 울림은 사찰 내에 거주하는 모든 승려들에게 주는 하나의 경책의 울림으로 받아들여진다.

우리나라 사찰의 독특한 목어 타법은 목어 소리를 음악처럼 들리게 한다.

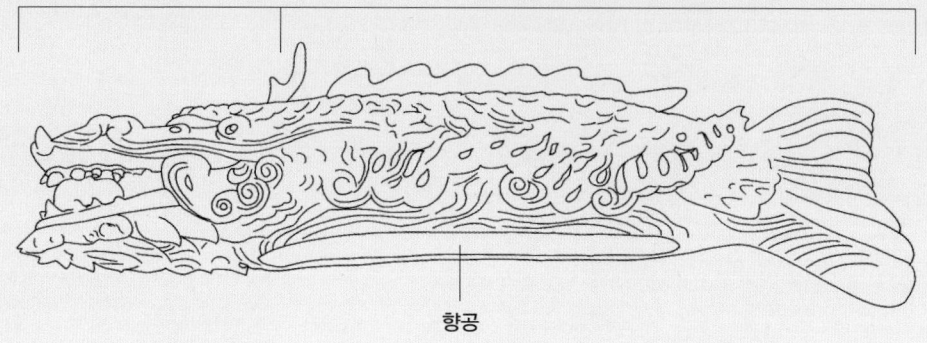

〈용두어신형 목어〉

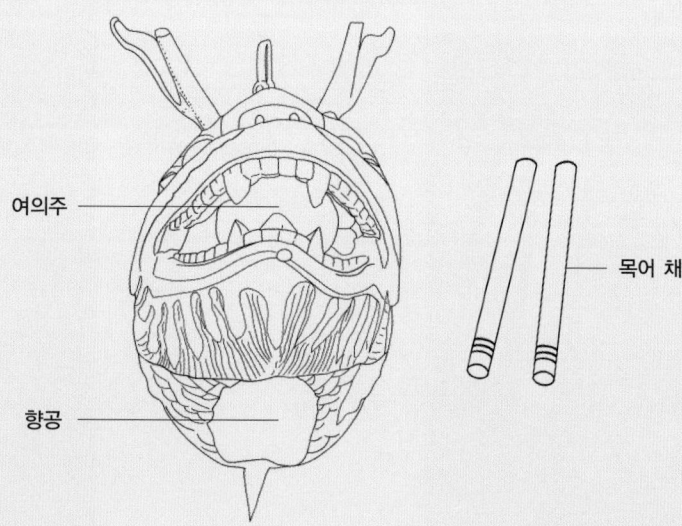

목어의 세부 명칭 및 특색

① **머리** : 물고기의 **본래** 모습을 그대로 표현한 것과 용의 머리 모양을 한 것이 있다. 용의 머리 모양을 한 것은 잉어가 거친 용문의 폭포를 성공적으로 올라 용으로 화한다는 어룡의 탄생 설화에서 비롯한 것으로 보이며, 이러한 용두어신형 목어는 대부분 입에 여의주를 물고 있다.

② **몸** : 옛 사람들은 용과 물고기를 비늘이라는 공통점을 가진 물속 동물로 보아, 용을 어룡으로도 불렀다. 이러한 사상을 반영한 목어의 몸에는 비늘이 섬세하게 잘 표현되어 있다.

③ **향공** : 목어의 아랫부분에 뚫린 구멍. 두 개의 목어 채로 이 향공 안쪽 면을 두들겨 소리를 낸다. 목어를 칠 때는 머리 쪽에서부터 빠르고 약하게 치기 시작해 꼬리 쪽으로 이동하며, 점점 크게, 강하고 절도 있게 친다. 이러한 치기를 몇 번 반복한 뒤 마지막 회차에 목어의 배 중앙 부분에서 엇박자로 투둑, 툭, 툭 치는 것으로 대미를 장식한다.

④ **목어 채** : 목어 배 부분의 구멍인 향공을 치는 두 개의 막대. 향공 안쪽에는 고리가 달려 있어 목어 채를 달 수 있다.

우리나라 목어의 특색

중국이나 일본 사찰에도 범종루가 있지만 범종만 걸어둔 경우가 대부분이며, 우리나라 사찰처럼 범종·목어·법고·운판 등 불전사물을 함께 설치해둔 경우는 드물다. 목어나 운판도 대부분 전각 처마 밑이나 전각 사이를 잇는 복도에 걸어두고 있다.

중국이나 일본에서는 목어와 목탁을 구별하지 않고 쓴다. 그러나 우리나라에서는 용도와 모양에 따라 목어와 목탁으로 구별하여 쓴다. 또한 중국과 일본의 장어형 목어에는 배 밑에 향공이 없거나 있어도 형식적으로 만들어 놓았을 뿐이지만 우리나라 목어에는 향공이 넓게 파여 있어 시원스럽게 보인다. 목어를 두들길 때도 중국과 일본은 하나의 나무 망치로 목어의 옆면을 치는데 반해, 우리나라는 넓고 길게 파진 향공 안에 두 개의 막대기를 집어 넣고 교대로 치는 독특한 타법을 구사하기 때문에 단순한 신호음이 아닌 음악을 연주하는 것처럼 들리기도 한다.

물고기가 변하여 용이 되다

용과 물고기는 비늘을 가진 수족水族이라는 점에서 공통점을 가진다. 이 때문에 옛사람들은 물고기와 용을 '어룡魚龍'이라는 이름으로 불렀고, 나아가 어룡을 용이나 물고기와는 다른 상상의 동물로 인식하기도 했다. 예컨대 『백호전서白湖全書』의 "황홀하기는 어룡이 노니는 듯, 까마득하기는 조홧속이네恍朗魚龍戲 冥濛造化權", 『사가집四佳集』의 "어룡은 그윽한 골짝을 생각하고, 새들은 깊은 수풀을 연연한다魚龍思洞壑 鳥雀戀深林" 등의 시구에 나오는 '어룡'은 용과 물고기가 한데 결합된 상상의 동물이다.

어변성룡도
잉어가 용문의 폭포를 성공적으로 올라 용으로 변신하는 모습을 담았다.

어룡에 대한 이런 관념은 '물고기가 변하여 용이 된다'는 '어변성룡도魚變成龍圖' 설화를 탄생시켰다. 그 설화 내용을 주제로 한 것 중 대표적인 것이 민화 〈어변성룡도〉, 〈약리도躍鯉圖〉와 같은 그림이다. '어변성룡 설화'는 잉어가 거친 용문의 폭포를 성공적으로 올라 용으로 화한다는 줄거리인데, 이야기의 주인공인 용은 잉어의 화신이고, 잉어는 용변龍變의 가능성을 지닌 물고기이다.

상상의 동물인 용과 봉황이 신이하고 신령스러운 동물로 인식될 수 있었던 것은 그에 얽힌 환상적인 이야기 때문이기도 하거니와,

여수 흥국사 목어
용으로 변한 물고기가 입에 여의주를 물고 있다.

자연계 동물에서 볼 수 없는 초현실적인 신체적 특징을 가졌다는 점도 크게 작용했다. 그런데 물고기 자체를 신령스러운 동물로 보기는 어렵다. 평범한 물고기를 신령스럽고 영묘한 동물로 만들기 위해서는 초현실적인 형태로 각색하는 것이 가장 좋은 방법이다. 사찰에서 목어를 물고기 몸에 용의 머리가 결합된 모습으로 만든 것은 물고기에 신령을 부여하기 위한 묘책이었던 것이다.

현재 우리나라 불전사물 중 하나인 목어는 크게 용두어신형龍頭

북한의 광제사 보광루 목어(위)와 여주의 신륵사 목어(아래)

목어 유형	사찰별
장어형	내장사 · 마곡사 · 용주사 · 월정사 · 은해사 · 장곡사 · 통도사 등
용두어신형	고운사 · 내소사 · 봉암사 · 봉정사 · 봉정암 · 부석사 · 삼막사 · 송광사(완주) · 수덕사 · 신륵사 · 쌍계사(남원) · 옥천사 · 운문사 · 전등사 · 조계사 · 태안사 · 파계사 · 화엄사 · 용문사 · 흥국사 등

魚身形과 장어형의 두 가지 종류가 있다. 전자는 몸은 물고기, 머리는 용의 모습을 갖춘 것이고, 후자는 전신이 물고기 모양을 빼닮은 것이다. 수량으로 보면 용두어신형이 단연 우위를 차지한다.

우리나라 목어의 특징을 알기 위해서는 먼저 우리와 비슷한 불교 역사를 가진 이웃 나라의 사정을 살펴볼 필요가 있다. 양자를 비교해보면 공통점과 차이점이 밝혀지기 마련이고, 그 차이점은 곧 우리나라 목어의 특징으로 부각될 것이기 때문이다.

중국이나 일본 사찰에도 범종루가 있으나, 범종만 걸어둔 경우가 대부분이다. 우리나라 사찰처럼 범종 · 목어 · 법고 · 운판 등 불전사물을 함께 설치해둔 경우는 드물고, 대부분 전각 처마 밑이나 전각 사이를 잇는 복도에 목어나 운판을 걸어두고 있다.

현재 중국과 일본에도 우리의 경우처럼 장어형 목어와 용두어신형 목어의 두 종류가 공존하고 있다. 예를 들어 중국 상하이 소재 승방에서 볼 수 있는 목어나, 일본 교토의 흥복사興福寺 목어를 보면 몸과 용의 머리가 확실히 구별되고 입에는 구슬을 물고 있다. 한편 일본의 만복사萬福寺 목어처럼 완전한 물고기 형상을 갖춘 장어형 목어도 존재한다. 그런데 이들 목어에서 주목되는 것은 악기에 으레 뚫

일본 만복사 장어형 목어
완전한 물고기 모양이지만, 배 부분에 항공이라 부르는 구멍이 없다.

려 있는 구멍인 향공響孔이 배 부분에 없다는 점이다. 간혹 구멍이 뚫린 것이 눈에 띄기도 하나, 우리나라 목어처럼 넓고 시원스럽게 파져 있지 않고 구멍을 흉내 낸 수준에 머물고 있다.

또 하나 눈여겨봐야 할 것은 목어 옆면에 보이는 닳은 흔적이다. 한 부분만 마모된 것은 나무망치로 한 곳만 계속 쳤기 때문이다. 이처럼 망치로 목어의 몸을 외부에서 치는 방식은 옛날 목박을 걸어놓고 막대로 치던 유습遺習이다. 일본에서는 한 개의 나무망치로 목어 몸뚱이를 치기 때문에 강약을 가미한다 해도 단조로움에서 벗어나

일본 만복사 대웅보전 목탁
손잡이 부분에 용이 새겨진 목탁으로 이 또한 목어에 속한다.

기 어렵다. 이와 달리 우리나라 사찰에서는 두 개의 막대로 된 목어채로 목어 배 밑에 파진 길고 넓은 구멍 가장자리를 강약과 완급을 살려 교대로 친다. 이런 독특한 타법을 통해 나는 목어 소리는 신호음의 차원을 훨씬 넘은, 음악과 같은 소리이다.

예불할 때 손에 들고 치는 것을 우리는 목탁이라 부르지만 이 또한 목어이다. 그러나 표면에 특별한 장식이 없다는 점에서 장어형 목어와 구별된다. 중국이나 일본 법당에서 사용하는 목어를 보면 표면에 현란한 장식 문양이 새겨져 있다. 장식 문양은 물고기 모양만 선각한 것과 물고기와 쌍룡 두 가지 모양을 새긴 것이 있는데, 쌍룡은 주로 손잡이 부분에 새겨진다. 목어의 크기는, 작은 것은 우리나라

안성 칠장사 목어

대만 목탁
크기가 커서 바닥에 방석을 깔고 그 위에 올려놓고 치므로 소리가 둔탁하다.

목탁 정도지만 큰 것은 직경이 1미터, 무게가 5킬로그램이 넘는 것도 있다. 큰 것은 무겁기 때문에 바닥에 방석을 깔고 그 위에 올려놓은 다음 끝 부분을 헝겊으로 감싼 나무망치로 치는데, 소리는 우리의 목탁처럼 맑지 못하고 둔탁한 편이다.

지금까지 살펴본 내용을 정리하면, 중국과 일본에서는 목어와 목탁을 구별하고 있지 않지만 우리나라에서는 용도와 모양에 따라 목어와 목탁으로 구별한다. 즉 목어라고 하면 보통 사물의 하나로서 화려하고 장식성이 강한 장어형 목어를 지칭하고, 목탁이라고 하면 예불을 드릴 때 손에 들고 사용하는 것을 가리킨다. 중국과 일본의 장어형 목어는 배 밑에 향공이 없거나 있어도 형식적인 경우가 많지만, 우리나라 장어형 목어는 향공이 넓게 파져 있어 시원스럽게 보인다.

두드리는 방법도 중국과 일본에서는 한 개의 나무망치로 목어 옆면을 치는 데 반해, 우리나라 사찰에서는 목어의 넓고 길게 파진 향공 안에 두 개의 막대기를 집어넣어 교대로 치고 두드리는 방식을 취한다. 그런데 이 차별적 특징보다 더 중요한 것은 우리나라 장어형 목어가 단순히 시간이나 행사 시작을 알리는 신호기 차원에 머물러 있는 것이 아니라, 수중 중생을 구제하는 소리 공양구로서의 역할을 충실히 해내고 있다는 점이다.

때를 알리기 위해 치던 운판

옛날 선사禪寺 총림에서는 각 요사寮舍나 부엌 근처에 큰 판과 작은 판을 걸어두 었는데, 거는 위치는 통일되지 않았다. 크기도 다양해 부엌과 주지의 처소에는 큰 판, 각 요사와 욕실에는 작은 판을 달 았다. 이름은 화판火板, 장판長板, 좌선판 坐禪板, 재판齋板, 세각판洗脚板, 하발판下鉢 板 등 다양했다. 처음에는 나무로 만들었 으나, 후에 금속제로 발전하게 되었다.

운판의 용도는 크게 두 가지이다. 첫 번째는 소개정小開靜이다. 좌선을 그 치고 자리를 뜨는 것을 개정開靜이라 하 는데, 이때 운판이나 종을 울려 이를 알린다. 운판을 울리는 것은 소 개정, 종을 울리는 것은 대개정大開靜이라 한다. 두 번째는 재시齋時를 알리기 위해 치는 경우이다. 계율에 따라 신身·구口·의意, 즉 삼업 三業을 삼가며 정오 전에 먹는 식사를 재식齋食이라 하는데, 그때를 알리기 위해 운판을 치는 것이다.

일설에 운판을 구름 모양으로 만든 것은 당초 운판의 사용처가 부엌이라는 점과 관련이 깊다고 한다. 불을 많이 사용하는 부엌은 화 재가 일어날 가능성이 높기 때문에 구름의 수기水氣로 화재를 막기

남해 용문사 운판
1760년에 만들어졌으며, 현재의 운판과 달리 위아래로 길쭉한 모양이다.

경주 불국사 운판
운판의 머리가 세 개의 곡선으로 이루어진 삼호형 운판이다.

위한 묘책이라는 것이다. 그러나 운판을 달아둔 곳이 부엌만은 아니었기 때문에 이 말을 믿어야 할지는 모르겠다.

숭유억불 정책을 폈던 조선시대에도 운판은 일본, 유구琉球 등의 국왕에게 보내는 예물로 인기가 있었다. 특히 불교에 관심이 많았던 세조 때에는 통신사를 통해 경전을 비롯하여 많은 운판들이 일본 왕에게 예물로 보내진 사실이 『조선왕조실록』에 기록되어 있다.

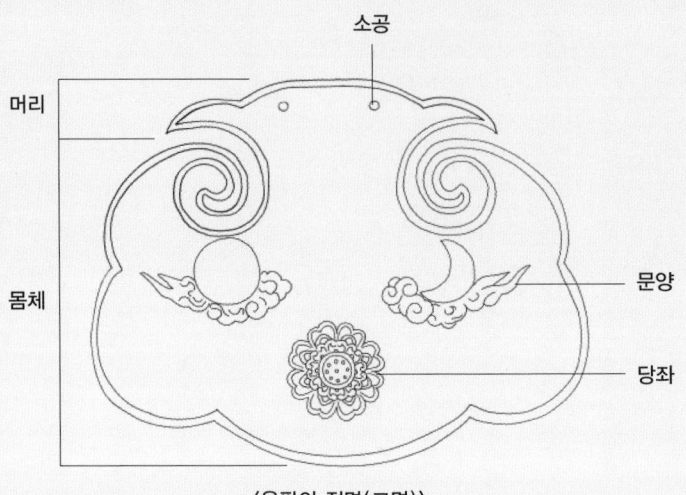

〈운판의 정면(고면)〉

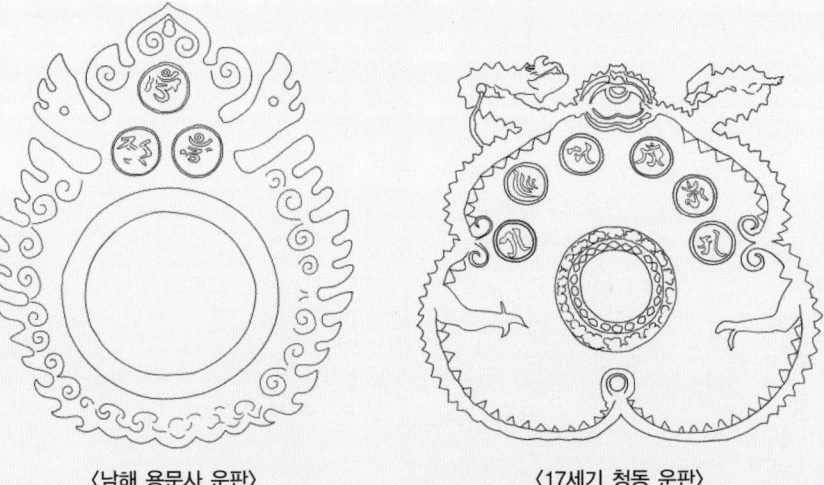

〈남해 용문사 운판〉　　〈17세기 청동 운판〉

운판의 세부 명칭 및 형태

① **머리** : 운판의 제일 위쪽으로 세 개의 둥근 곡선으로 이루어진 삼호형, 맨드라미꽃처럼 생긴 계관화형, 여의의 머리 모양을 닮은 여의두형 등으로 나뉘어진다.

② **소공** : 끈을 매기 위한 부분으로 보통 1~3개가 뚫려 있다.

③ **몸체** : 생긴 모양에 따라 둥근 부분이 다섯이라 하여 오호형, 여의의 머리 부분을 떼어 놓은 것 같은 모양이라 하여 여의두형, 17세기 제작된 것으로 추정되는 청동 운판처럼 자유형 등으로 나누어지기도 하며, 몸체의 중간 부분의 안쪽으로 파여진 모습에 따라 반달 모양의 반월형, 옆으로 퍼진 구름 모양의 와운형 등으로 나누기도 한다.

④ **문양** : 해와 달, 비천이나 보살, 범자, 용, 육자대명왕진언 등이 새겨져 있으며 문양의 유무에 따라 양면식과 편면식으로 나뉜다.

⑤ **당좌** : 이곳을 두드려 소리를 낸다. 그리고 이 당좌가 있는 곳이 전면인 '고면'에 해당한다.

운판의 형태

운판은 구름 모양의 넓은 판으로, 가운데 부분에는 범종의 당좌처럼 연꽃 문양으로 당좌를 표시해 놓았다. 사찰에 따라서 당좌가 아닌 곳을 치기도 하는데, 운판의 측면을 보면 가장자리는 얇고 가운데로 갈수록 두터운 형태여서 치는 부분에 따라 음의 고저와 장단에 차이가 나기 때문이다.

현재 우리나라에 전해지는 가장 오래된 운판은 호암미술관 소장의 17세기 청동 운판과 남해 용문사의 운판으로 알려져 있다. 이 때의 운판들은 그 모습이 정사각형에 가까운 형태의 위로 약간 솟은 구름 모양이었으나, 조선 후기에는 가로가 좀 더 긴 구름 형태로 바뀌었다. 장식의 변화를 보면 청동 운판과 남해 용문사의 것은 운판 자체의 모습이 화려하며 내부를 범자 등으로 장식하였고, 조선 후기의 것들은 운판 자체의 모습은 간략화되고 해와 달 등의 천체와 비천이나 보살, 진언 등을 장식하였다.

청도 운문사 운판

평창 월정사 운판
운판의 머리가 맨드라미꽃의 모습을 한 계관화형 운판이다.

여백 있는 울림, 운판 타법

운판은 한 개의 망치로 당좌 부분을 치는데, 처음에는 아주 약하고 빠르게 치다가 점점 소리를 크게 함과 동시에 치는 간격도 차츰 넓혀 나간다. 점점 더 세게, 점점 더 느리게 치면서 절정에 이른다. 절정에 다다르면 간격 넓은 시간적 여백 속에서 잠시 머물다가, 다시 간격도 점점 좁히고 소리도 점점 줄이면서 끝내는 것처럼 하다가, 다시 소리를 살려 내면서 땅, 땅, 땅, 크게 세 번 치는 것으로 대미를 장식한다.

운판의 모양과 장식

운판은 크게 머리 부분과 몸체 부분으로 구성되어 있다. 매달기 위한 구멍이 뚫려 있는 부분을 머리라 하고, 망치가 늘 닿는 자리, 즉 당좌가 마련된 부분을 몸체라 한다. 몸체는 전체 모양에 따라 오호형五弧形, 여의두형如意頭形, 자유형 등으로 나뉜다. 호弧란 원둘레 위에서 두 점에 의해 한정된 부분을 말하므로, 운판의 둥근 부분이 다섯인 것을 오호형으로 보면 된다. 여의두형은 여의의 머리 부분을 떼어놓은 것과 같은 모양으로 되어 있는 것을 말한다. '뜻대로 한다'는 의미를 가진 여의는 불교에서 설법이나 강독, 법회를 할 때 강사가 위의를 갖추기 위한 용구의 하나로, 손 모양을 한 마고수형麻姑

남해 용문사 운판 범자 장식
대부분의 운판에는 장식 문양이 있다.

手形과 영지靈芝를 닮은 운형雲形의 두 종류가 있다.

운판의 머리는 삼호형三弧形, 계관화형鷄冠花形, 여의두형으로 분류된다. 세 개의 둥근 곡선으로 이루어진 것이 삼호형, 이보다 복잡한 형태로 맨드라미꽃처럼 생긴 것이 계관화형, 그리고 여의의 머리 모양을 닮은 것이 여의두형이다. 또한 머리 판을 양쪽에서 파고들어 간 부분의 모양새에 따라 반월형半月形과 와운형渦雲形으로 나뉘는데, 말 그대로 반달 모양으로 파고들어간 것이 반월형이고, 구름이 소용돌이치는 모양으로 된 것은 와운형이다.

대부분의 운판은 몸체에 장식 문양이 있다. 한쪽 면에만 새겨져 있는 것도 있고, 양쪽 면에 새겨져 있는 경우도 있다. 문양의 종류를 살펴보면 해와 달 등의 천체를 표현한 것이 많고, 비천이나 보살, 범

안동 봉정사 만세루 운판(위)과 여주 신륵사 운판(아래)

예산 수덕사 운판

자梵字, 용, 또는 육자대명왕진언 등의 글자를 새긴 것도 볼 수 있으며, 당좌는 대개 연꽃으로 표현되어 있다.

이러한 일반적 형태와 달리 독특한 의장을 갖춘 운판도 눈에 띄는데, 대표적인 예가 예산 수덕사와 구례 화엄사 운판이다. 수덕사 운판은 현란하게 용솟음치는 구름이 '심心' 자가 중심에 새겨진 연꽃을 에워싸고, 그 아래쪽에 소나기구름 같은 두텁고 긴 구름이 전체를 받치는 형식으로 되어 있다. 제작 연대는 확실히 알 수 없지만, 그 모양이 범상치 않은 것을 보면 예술적 감각이 뛰어난 장인의 작품으로 생각된다. 한편 화엄사 운판 역시 특이한 사례 중 하나로, 불꽃 같기도 하고 연꽃 같기도 한 구름이 두 개의 동심원이 새겨진 원판 둘레를 감싸고 있는 형식이다. 당좌는 설치되어 있지 않으며, 전체 면이 손잡이 없는 가마솥 뚜껑처럼 불룩하다. 오랜 세월 사용한 때문인지 가운데 부분이 닳아 반짝인다.

우리나라에서 운판이 사용되기 시작한 것은 선종이 전래된 삼국시대부터일 것이라고 추측하고 있지만, 제작 연대가 확실한 운판이 남아 있지 않아 확인하기는 어렵다. 일본에는 1187년에 제작된 후쿠오카 천만궁天滿宮의 운판과 같은 오래된 운판의 기록이 있으며, 우리나라의 비교적 오래된 운판으로는 호암미술관 소장의 조형성이 뛰어난 청동 운판(17세기)과 1760년에 만들어진 남해 용문사 운판 등이 있다.

불교문화총서 ⑦
도량을 울리는 맑은 소리, 불전사물

초판 인쇄 2011년 10월 21일
초판 발행 2011년 10월 31일

발행인 김규칠
발행처 (재) 대한불교진흥원
주소 서울시 마포구 마포동 140 다보빌딩
전화 02-719-1855 **팩스** 02-719-5052

지은이 허균

제작 活불교문화단
주소 서울시 마포구 신수동 62-98 3층
전화 02-716-4709 **팩스** 02-717-4709
이메일 sachal@chol.com

편집 허재희 · 김정은
디자인 권대흥 · 조인경
사진 활불교문화단

값 20,000원
ISBN 978-89-85626-35-4 04220
　　　978-89-85626-20-0 04220(세트)

ⓒ 이 책의 저작권은 (재)대한불교진흥원이 소유하고 있습니다.
책 내용에 대해 궁금하신 점은 활불교문화단으로 문의해주시기 바랍니다.